现代英语教学理论与实践创新研究

余 烨 著

中国纺织出版社有限公司

内 容 提 要

本书将英语语言教学理论与实践相结合,有针对性地对英语教学进行了问题分析、理论指导及教学方法的实践应用。本书首先介绍了现代英语教学背景、挑战、语言文化,其次探究了英语教学途径与手段、英语教学理论与发展改革方向,再次分析了英语听、说、写作、阅读的教学理论实践,最后介绍了英语教学实践创新。本书适用于从事高校英语教学或英语师资培训的教师及英语学习者阅读与参考,也可供进行第二语言习得研究的相关人员及从事其他语种教学的人员参考。

图书在版编目(CIP)数据

现代英语教学理论与实践创新研究 / 余烨著. —北京:中国纺织出版社有限公司, 2023.8
ISBN 978-7-5229-0955-4

Ⅰ.①现… Ⅱ.①余… Ⅲ.①英语-教学研究 Ⅳ.①H319.3

中国国家版本馆 CIP 数据核字(2023)第165928号

责任编辑:王 慧 责任校对:王蕙莹 责任印制:储志伟

中国纺织出版社有限公司出版发行
地址:北京市朝阳区百子湾东里 A407 号楼 邮政编码:100124
销售电话:010—67004422 传真:010—87155801
http://www.c-textilep.com
中国纺织出版社天猫旗舰店
官方微博 http://weibo.com/2119887771
北京虎彩文化传播有限公司印刷 各地新华书店经销
2023 年 8 月第 1 版第 1 次印刷
开本:787×1092 1/16 印张:12.75
字数:195 千字 定价:98.00 元

前　言

随着经济全球化的快速发展,中国与世界各国的联系越来越密切。英语作为全球通用的语言,在世界舞台上扮演着不可替代的角色。我国的外语教学理论研究,还处于一个不断摸索有待提高的阶段,许多工作在第一线的教师对教学理论比较陌生,加上受各种条件的限制,外语教师参加理论进修和进行学术交流的机会较少,这在很大程度上限制了外语教师的视野,影响了外语教学实践水平的发挥和外语教学质量的提高。本书旨在为广大英语教师提供一些教学方面的理论指导与实践操作。

本书共七章,第一章介绍了21世纪英语教育背景、英语非母语教师的特点与挑战以及英语的发展与语言文化,第二章为英语教学途径与手段,第三章为英语教学理论与发展改革方向,第四章为英语听说教学理论实践,第五章为英语写作教学理论实践,第六章为英语阅读教学理论实践,第七章为英语教学实践创新。

本书在写作过程中查阅了大量的国内外资料和文献,汲取了很多与之相关的最新研究成果,借鉴了许多专家学者的观点,并在此基础上形成了一家之言。但是,由于时间仓促和个人能力有限,本书还存在很多不足之处,希望读者批评指教。最后,作者对给予本书巨大帮助的亲朋好友致以最诚挚的感谢。

著者

2023 年 3 月

目　录

第一章

绪　言

第一节　21 世纪英语教育背景

一、英语教育变化

进入 21 世纪，世界面临着全球化、信息化和知识经济时代的巨大挑战。各国都在寻找能让下一代人成功融入这个时代和未来的教育改革之路，进而推进整个国家和社会的健康发展。核心素养问题受到了持续关注，各国纷纷从各自国家及公民需求的角度，搭建了一批各具特色的核心素养框架或体系。我国根据国情特点发布了《中国学生发展核心素养》研究成果，对学生发展核心素养的内涵、表现、落实途径等做了详细阐释。核心素养以培养"全面发展的人"为核心，包括文化基础、自主发展、社会参与三个方面，综合表现为人文底蕴、科学精神、学会学习、健康生活、责任担当、实践创新六大素养，具体细化为十八个基本要点。各素养之间相互联系、相互补充、相互促进，在不同情境中发挥整体作用。核心素养是关于学生知识、技能、情感、态度、价值观等多方面要求的综合表现，是每一名学生终身发展和社会发展都不可或缺的共同素养，其发展是一个持续终生的过程。根据这一总体框架，可针对学生年龄特点进一步提出对各学段学生的具体表现要求。

英语学科在此基础上修订了《普通高中英语课程标准》（以下简称"课标"），提出了英语学科核心素养主要包括语言能力、文化意识、思维品质、学习能力四个维度。这将使我国基础外语教育课程在新课改的基础上进一步向前推进，"迈向更加以人为本，更加着眼于人的培养和发展的新阶段"。解读、应用和提升学生的英语核心素养将成为外语教育工作者一项艰巨而又光荣的任务。真正实施核心素养，使课标落地，教师承担着重要职责，教师首先必须具备核心教育素养。对于师范生来说，就是要夯实学科知识、学科教育知识等基本教学能力的基础。

人才的能力构成包括知识、技能、思维三个基本要素。知识通过传授获得；技能通过训练掌握；思维需要开发提升。知识与能力的关系并不是一种线性关系。如果说知识是音符，那么能力就是谱曲；知识是文字，能力就是作文。结构化的知识体系有助于思维能力的提升。技能是指完成某项任务的操作活动方式和心智活动方式，是能力表现的手段。如果没有基本技能，知识就不能获得迁移的机会，能力也就无法施展，更无法实现提升与创造。因此，英语教师的首要任务是将英语学科的基本技能掌握好，这样才能将知识转化成能力，获得安身立命的基础，施展抱负，赢得发展的自由空间。

人才培养必须与社会发展要求相适应。教育如何做出变革？学校如何应对？袁振国提出四个方面的变化：教学要从被动走向主动；课程要从大一统走向选择性；评价要从单一走向多元；课外活动要从学科延伸走向真正的社会。

二、主要教学方法

21世纪的教育是后现代主义关照下的教育，教师要充分利用各种教学法，而不是陷入门派之争，不惜以牺牲好的方法和策略为代价。21世纪是关注环境和生态的社会化时代，因此，教学必然呈现社会化转向。21世纪是人类历史上前所未有的发展最迅猛，技术最高超，移动通信技术、人工智能浪潮最高涨的时代，反映在教育上，信息技术辅助教学必然大放光彩。21世纪的教育关注教学环境，关注对话与互动，因此，以学为中心的理念促进翻转课堂的不断深化，混合式教学呈现欣欣向荣的局面。关注2018年和2019年的国际英语教育中国大会的主题发言和小组专题研讨不难发现，外语教学的主要方法有：任务型教学法、内容型教学法、混合式教学法、差异化教学法。

(一)任务型教学法

为了更好地落实交际教学法，便于教师在实际教学中操作，倡导"做中学"的理念,任务型教学法应运而生。任务是指存在于真实交际中对语言学习有意义的课堂活动,它关注的是语言的意义而非语言形式。任务型教学法一般包括任务前、任务中、任务后活动三个步骤。任务型教学法在模拟真实语境、鼓励学生积极使用语言、倡导语言的交际功能方面发挥了积极的作用。但是它过于关注技能操练,忽视学习者的语言认知能力,特别是缺乏对语言学习者全面发展需求的关照,因此受到质疑。之后,任务型教学法不断改进,积极扩大覆盖面,它从主要帮助学生发展情境交际能力的第一层次(第一代),发展到关注内容、过程和语言的认知层面的第二层次(第二代);目前的第三层次(第三代)更加关注学习的态度、情感、学习者的整体意识提高。社会建构主义影响下的任务型教学法更加强调任务链的关联性、层次性、活动化、真实性。这对学生提高思维能力,运用语言体验感知事物,提升语用能力起到了积极的作用。

(二)内容型教学法

与任务型教学法强调语言交际不同,内容型教学法强调语言与内容的融合,所以,它又被称为内容与语言融合学习。近年来,这一教学法大行其道,成为二语及外语教学中的一个主流教学方法。内容型教学法是围绕有意义的内容或学科知识而组织教学的一种方法,不同于聚焦语法、技能或任务的传统教学法。这里的内容是指来自真实世界的内容,是与学科专业相关联的语言之外的领域。学生通过语言学习或交流提升语言能力,而不仅仅局限于语言本身。它可以避免英语学习者虽具有较好的语言技能,却存在知识面狭窄、思维能力偏弱的缺陷。这正是提升核心素养的初衷。

(三)混合式教学法

混合式教学法是将线上教学与传统课堂教学有机结合起来的一种教学方法。这种方法既有利于学生将陈述性知识通过自主学习先行掌握,节省课堂时间,为进一步质疑和探究提供机会,又有利于发挥课堂教学中师生互动、情感交融的优势。这一教学法可以和慕课、微课、云课程等在线学习方式相结合,形成基于慕课等网络课程学习的混合式学习法,有助于达到翻转课堂的目的,提高学生的自主学习能力,改变传统课堂知识的单向传授方式,逐步形成课内师生互动与对话的新局面。

(四)差异化教学法

汤姆林森认为"在差异化的课堂中,教师主动计划并寻找各种达成内容、过程和结果的方法,以预备和回应学生在准备水平、学习兴趣和学习需要方面的差异"。学生的来源有差异,学习过程和方法有差异,学习需求和动机有差异,最终导致的结果必然有差异。所以,教师必须遵循因材施教、因地制宜的原则,进行差异化设计、实施和评价,让学生应学乐学、愿学尽学,充分释放其学习能量,解放其心智,培养全面发展的人。

第二节 英语非母语教师的特点与挑战

一、自身的优势

相较于本族语教师,英语为非母语的英语教师虽然缺乏敏锐的英语语感、标准地道的发音以及作为本族语者的自信,但是同样具有优势,如对英语语言的精准性把握得更好;掌握更正规的英语表达;了解外语学习者,有更强的同理心,具有改善学习者学习状况的更多的体验和更有效的方法等。

中国的英语教师面对英语为外语的中国学生,在中英文存在巨大差异的前提下,在课堂中会遇到各种各样的问题。但英语教师自己寒窗苦读十数载,同样在英语学习中遇过高山见过险滩,因而积累了宝贵的学习经验,这可以成为丰富的学习资源。中国哲学讲求圆通包容,中国医学讲求辨证施治,饱受中国文化影响的英语教师了解英语学习者的特征和习惯,因此更加理解包容,更能从其错误中发现原因,抓住契机,找到解决问题的路径。中国文化灿若星河,中国经典汗牛充栋,尊师重教传统悠久,师生情谊深厚绵长,这些都给教师以教育智慧、教学勇气、教法手段。中国式教研关注团队建设,培育共同体意识,学习强国理念深入人心,国培省培、校本教研、网络课程为教师提供不同层级的专业发展平台,不断助力教师专业成长。中国目前开放包容、生机勃发的发展环境更为教师打开了通向世界的大门,这些为英语教师观世界、增信心、提自身、重实践、强能力提供了有力保障。英语教师完全有信心发挥自身优势,将中国的英语基础教育做大做强。

二、角色的转变

当今课程观已从传统的"传递观"让位于"交流观""变革观",学习被认为是知识建构的过程,是学习者自我探寻、全面发展的要素。那种教师牵着学生走的"填鸭式"教育教学方式已经一去不复返。教师不再是知识的搬运工、课堂的独裁者、把握知识和命运的权威,他是一名社会人,具有与社会、与环境、与学生互动的能力。在与学生互动过程中,教师可以关注学生的情感,触动学生的积极学习心理,构建积极的课堂心理环境,可以通过激励、体验、移情等方式与学生建立情感上的互联互通,逐步培养学生的热爱、热忱、兴趣、意志品质等,伴随学习,促进学习,深化学习,达到机械、被动、单一学习所无法达到的效果。要让学生做到深度学习,教师必须拥有深度教学的能力;要让学生做到有学习专业的能力、思维多元、文化底蕴深厚,教师首先要拥有这些素养。教师专业技能的高低,直接影响未来劳动者的素质,影响中国的国际竞争力和发展趋势,教师任重道远,因此必须高标准、高规格、高效率地培养职前教师,为其今后成为卓越教师打下扎实的理论和实践基础。新时代的教师应该成为学生学习生活的陪伴者、学习之路的引导者、精彩彼岸的摆渡人、生命成长的触发器、精神火花的点燃者。

三、挑战中的危与机

当今世界新一轮科技革命和产业革命正在孕育兴起,各国相互联系、相互依存,全球命运与共、休戚相关,和平力量的上升远远超过战争因素的增长,和平、发展、合作、共赢的时代潮流更加强劲。同时,人类正置身于一个挑战层出不穷、风险日益增多的时代。人类正处于百年未有之大变局,不确定因素不断增加,人类命运共同体建设遇到阻力。英语教师面临着不断接受挑战的关键期。当前人工智能技术不断提升,学习软件层出不穷,网络课程铺天盖地。虽然机器仍难取代教师,网络与软件还是辅助手段,但是可以肯定的是,只知道当教育传声筒的教师总有一天要被机器淘汰和替换。因此,教师必须锤炼教学技艺,将英语语言知识和技能相融合,形成机器无法替代的能力。教师必须走出舒适区,投入更多精力提升自身的人文性,既要有智商,还要有情商和爱商;既要能教学,又要能捕捉学生心灵的奥秘;既要成为学生的陪伴者,又要努力成为对话者、引领者。机器可以提供多媒体,教师要把它们变成引人入胜、无缝衔接的学习动力源;机器为我们扩展想象空间、提供虚拟现实(VR)技术,教师要提供无数场景供学生发展想象力;机器在线搬运知识,让学生自主学习,教师要打造金课,在课堂上与学生进行心灵对话。

第三节　英语的发展与语言文化

一、英语的发展

(一)英语的起源

据文物考证显示,史前的不列颠诸岛上已经有旧石器人的生活印迹。那时,不列颠诸岛和欧洲大陆是连成一片的,今日英国和法国之间还没有英吉利海峡和多佛尔海峡,莱茵河与泰晤士河之间尚由其支流相接,今天的英国仍属欧洲大陆的一部分。大约距今 9000 年,由于地壳变迁,大不列颠诸岛从欧洲大陆分离出来,使得史前的旧石器人能够在不列颠定居下来。后来一部分凯尔特人在今天的爱尔兰和苏格兰定居下来,其余的则占领了今天的英格兰南部和东部。每到一处,他们都对伊比利亚人进行残酷的杀戮。凯尔特人讲凯尔特语。今天居住在苏格兰北部和西部山地的盖尔人仍使用这种语言。在英语形成之前,凯尔特语是在不列颠岛上所能发现的唯一具有史料依据的最早语言,今天这个岛屿的名字就源自凯尔特族裔的名称 Briton(不列颠人,也有学者译作"布立吞人")。

公元前 55 年,罗马帝国的恺撒大帝在征服高卢之后来到不列颠。第二年夏天,恺撒大帝第二次亲临不列颠。罗马人从此在不列颠站稳了脚跟,但在以后的大约 100 年,罗马帝国并没有对不列颠构成很大威胁。英国历史上真正被"罗马人征服"始于公元 43 年。当时罗马皇帝克罗迪斯率领四万人马,用了三年时间征服了不列颠岛的中部和东南部。随后,整个英格兰被罗马牢牢控制。随着军事占领,罗马文化与风俗习惯开始渗入不列颠,致使拉丁语在不列颠开始传播。那时,官方用语、法律用语、商业用语等均是拉丁语,而凯尔特语则难登"大雅之堂"。在今日英语中,只是在一些地名和河流名称方面还保留着凯尔特语的词汇成分。

406—407年,罗马人因罗马帝国内外交困不得不撤离不列颠。449年,来自北海沿岸的三个日耳曼部族——盎格鲁人、撒克逊人和朱特人乘虚而入,大举侵犯不列颠诸岛,但遭到凯尔特人的顽强抵抗,征服过程长达一个半世纪之久。到了6世纪末,大不列颠诸岛上的凯尔特人几乎灭绝,幸存者或逃入山林,或沦为奴隶。随着时间的推移,盎格鲁人、撒克逊人和朱特人逐渐形成统一的英吉利民族,他们各自使用的方言逐渐融合,形成了一种较为统一的新语言,即盎格鲁—撒克逊语,这便是古英语。盎格鲁人在拉丁文和早期日耳曼语中被称为"安格利人",后经过古英语前元音变成了Engle。由于他们在三个部落中人数最多、势力最大,Englaland(盎格鲁人的国土)就成了这块土地的统称,即英国,Englisc(盎格鲁人的语言)就是指他们的共同语言——英语。由于语言内部的发音和拼写方面发生了演变,Englaland和Englisc最终演变成了现代英语中的England和English。

(二)古英语

通常把450—1150年的英语称为古英语。这个时期的英语包括四种主要方言:①诺森伯里亚方言,即洪伯河以北的方言;②梅尔西亚方言,即洪伯河与泰晤士河之间的英国中部地区方言;③肯特方言,即在英国东南部地区定居的朱特人说的方言;④西撒克逊方言,即在泰晤士河以南定居的撒克逊人说的方言。诺森伯里亚方言和梅尔西亚方言主要在盎格鲁人居住的地区使用,因此这两种方言有时又合称为盎格里亚方言。最初文化较发达兴旺的地区是使用诺森伯里亚方言的地区,又以约克为其中心。到了9世纪,由于遭到斯堪的纳维亚人的大规模入侵,英国的文化中心从诺森伯里亚移至西撒克逊地区。后来,西撒克逊方言逐渐成为"标准古英语"。今天我们在探讨古英语的特点时,往往以西撒克逊方言所遗留下来的史料为依据。

古英语属于综合性语言,现代英语属于分析性语言。古英语的拼写和读音与现代英语有很大差异。在今天看来,古英语如同一门外国语,人们必须对其进行专门的研究学习,才能读懂它。古英语的语法特点与现代德语相近,具有明显的曲折形式,名词、形容词、动词、代词等均有复杂的词尾变化,古英语时代是词尾曲折的全盛时期。由于古英语具有较强的曲折形式的特点,古英语的句子语义像拉丁语一样,不完全依赖于词序,而以词缀为主。派生法在古英语中也广泛使用,共有 24 个名词后缀、15 个形容词后缀。古英语时期诗歌有一种特殊的修辞手法,即头韵,由此产生的许多短语一直保留至今。

古英语时期,虽然拉丁语是西欧唯一的学术性语言,但人们开始用英语作为艺术表达的工具,创作出许多英语文学作品,这些作品主要以诗歌为代表,绝大部分内容与基督教有关。根据英国史料的记载,有据可查的英国最早的诗人是凯德蒙,著有英国文学史上最早的诗集《凯德蒙赞美诗》。9 世纪末,阿尔弗雷德大帝主持编写《盎格鲁—撒克逊编年史》,这是用英国当地语言写史的开始。

(三)中古英语

中古英语时期始于 1100—1500 年。1066 年,诺曼人在征服王威廉的率领下,横渡英吉利海峡,在哈斯丁战役中击溃了盎格鲁—撒克逊军队,英王哈罗德战死,英国被征服。这在历史上被称为诺曼征服。自诺曼人征服英国后,法语便作为官方语言在社会、文化等很多领域广泛使用。但大多数人还是说英语,直到15 世纪末,英语再次成为整个国家的语言。

这一时期的英语废弃了古英语中大部分词汇,吸引了成千上万的法语词汇,这些词汇多源于拉丁文。英语中的法语词汇随处可见。在中古英语时期,英语经历了剧烈变化。到了中古英语末期,英语已逐渐具有词根语(如汉语)的特性,而且这个趋势一直继续着。语言发展的趋势是从综合到分析,从词形的多变化到词形的无变化。这一变化对英语词汇的发展影响深远,为日后大量的借词——主要是希腊语词、拉丁语词进入英语铺平了道路。

大量法语词汇的涌入,也使英语词汇发生了词义变化。有一些英语固有的词语被淘汰了,有一些虽然还存在,但是词义范围有所改变,或者带上特有的文体色彩和感情色彩。这一时期,作为文学语言的英语也许曾一度黯然失色,然而却从未被消灭。阿尔弗雷德大帝主持编写的编年史还在继续用英语流传下去,12 世纪末则诞生了一部宗教性散文的杰作《修女训》,这种完美而又得体的散文体由作家们一直延续到 16 世纪。从 13 世纪中叶起,人们越来越多地模仿法国的骑士传奇,其中的《高文爵士和绿衣骑士》代表了骑士文学的最高成就。它用头韵体诗写成,描述了亚瑟王属下一个"圆桌骑士"的奇遇。14 世纪后半叶,被称为"英国诗歌之父"的乔叟创作出《坎特伯雷故事集》,取得了很高的艺术成就。乔叟用优美、活泼的韵文,描写了一群去坎特伯雷朝圣的人的神态言谈。他们来自不同阶层和行业,各人所讲的故事或雅或俗,揭示了多方面的社会现实。乔叟首创了诗歌的双韵体——每两行押韵的五音步抑扬格,后被许多英国诗人采用。乔叟用伦敦方言写作,奠定了用英语语言进行文学创作的基础,促进了英语语言文学的发展。

此外,中世纪文学中涌现了大量的优秀民谣,最具代表性的是收录在一起的咏唱绿林英雄罗宾汉的民谣。这些歌谣生动地讲述了一群农民劫富济贫、打击教会僧侣和执法吏的事迹,传诵至今。

(四)现代英语

现代英语时期是从 1500 年至今,人们常把 1500—1700 年的英语称作"早期现代英语",1700 年至今的英语称作"后期现代英语"。这一时期出现的文艺复兴给英语带来了巨大的影响。

早期现代英语时期,对英语词汇影响最大的是文艺复兴运动。这一时期强调研究古代希腊、罗马文化,以对抗中世纪的封建文化。于是许多外来词,主要是拉丁语和希腊语的词语传入英语,成为英语的书面语和术语词的基本部分,同时为英语提供了大量的同义词。希腊语和拉丁语词传入英语后有的保留了原来的形式,有的失去了词尾,还有的改变了词尾,使之更适合英语的形式。人文主义学者们对语言抱着兼收并蓄的态度,从希腊文、拉丁文和法文中借用大量词汇以丰富英语的表达方式,同时注意从古罗马文学和法国文学中汲取文学创作的灵感和素材。莎士比亚就是英国文艺复兴时期的杰出代表。他的十四行诗真挚感人,戏剧作品情节引人入胜,更为重要的是,他还是一位语言大师。在创作过程中,他把外来语和本族语巧妙地结合起来,大大丰富了英语的词汇,增强了英语的表现能力。现今人们日常使用的英语词汇中,很多是由这位语言大师第一次使用而成为英语词汇的,或者因为他的使用而使原来的词义发生了根本性变化。

这一时期英语不仅是文艺和学术的表达工具,此间的宗教改革运动还使它成为神学家的语言,礼拜祈祷的语言和宗教的语言。1611 年出版的《圣经》"钦定译本"当可视为一部无与伦比的散文杰作,其文体质朴、语言优美,长期以来被认为是现代英语句子结构和文体的楷模。

1662 年,英国皇家学会正式成立,英国皇家学会是为推动自然科学和应用科学的发展面设立的独立的英国国家科学院。英国皇家学会成立于近代科学革命的后期,当时经过文艺复兴运动洗礼、地理大发现、宗教改革和近代科学革命全过程的英国,资本主义工商业蓬勃发展,圈地运动和毛纺工业的大发展导致资本主义向海外扩张和发展国际贸易,受此影响,从罗马教廷脱离出来的英伦三岛教会的自由意识极大增强。海上运输的强烈要求使造船技术、水文学、天文观测、结构计算、材料技术和防腐蚀的化学处理等科学得到发展。因此,从事国际贸易的富商巨头们,迫切需要刚从神学家中分化出来的自然科学家和科技人员为其提供科技支持。英国皇家学会提倡用质朴的英语探讨哲学和自然科学。逐渐地,英语代替拉丁文成为哲学和自然科学的语言,这就要求它更准确、清晰、合乎逻辑,富有说服力。

17世纪,英国文学家德莱登澄清了英语的句法,早期现代英语发展成了一种相当成熟的语言。

英语的发展一直受到两种趋势的影响:一是使之更丰富、典雅;二是使之保持纯洁、朴素。早期现代英语发展为后期现代英语,主要是第二种趋势在起作用。启蒙运动使18世纪成了一个理性的时代,启发人们反对封建传统和宗教的束缚,提倡思想解放、个性发展等。启蒙运动与文艺复兴运动一脉相承,但就思想内容而言,应当说启蒙运动思想家远比文艺复兴时期的思想家全面、深刻和彻底。要求英语的读音、拼写、词义、句法等都要有个统一的标准,于是产生了对字典和语法书籍的迫切需求。1755年,约翰逊博士编纂出版了《英语词典》,在长达150年的时间里,这部词典一直占据权威地位,直到20世纪初才被《牛津英语词典》取代。《英语词典》第一次把英语作为全民语言记录下来,对书面语、惯用法和拼写法的规范化起到了前所未有的积极作用,从此以后,现代英语大体定型。另外,当时还接连出版了许多语法书籍,英语的准确程度和清晰程度得以大大增强。

现代英语发展变化最显著的特征就是词汇大大增加,这种变化与社会政治、经济、文化的发展息息相关。从17世纪开始,英语随着英国国际贸易和开拓殖民地的活动走向世界各地,与世界各地的民族和文化都有了接触,吸收了数千个新词,词汇变得更为国际化。与此同时,由于与法国一直保持着密切关系,法语词汇仍然源源不断地传入英语。这一时期传入英语的法语词汇很多保留了法语在发音和拼写上的特征。19世纪的英国产业革命促进了科学技术的发展,英语词汇也大幅增长。古英语词汇只有5万～6万个,而现代英语却有65万～75万之多,英语中出现了大量的短语动词,表达方式变得更加灵活生动,而且英语的用法也比以前更加确定、规范。

自20世纪以来,全球经济迅猛发展,科学技术日新月异,国际商贸、文化交往日益频繁,英语迅速成为一种国际语言,在国际交往中起着举足轻重的作用。

(五)英语——新世界语

1887年,波兰查门霍夫博士以超人的智慧和满腔热情发明了超越民族界限的"国际普通话"——世界语,旨在消除国际交往的语言障碍,让世界上的各民族能够"用一个声音说话",实现和保持地球上各善良民族渴望的和平。100多年过去了,世界语没有成为世界通用的语言,甚至被人遗忘。通过华盛顿大学卡尔伯特博士的研究,有1600000使用世界语的人达到了一定的水平。假设这个数字是正确的,这就意味着世界人口中只有大约0.03%的人能够较为熟练地使用这种语言,迄今远未达到查门霍夫博士使它成为世界通用语的目标。与此形成鲜明对照的是,曾经是民族国家语言的英语却被世界上越来越多的国家和人民所使用,现已成为"新世界语"。

英语走向世界始于17世纪英国国际贸易和开拓殖民地的活动。英语虽然不属于人类最古老的语言之列,并且它走向世界也仅仅400多年,可是它在全球化过程中的发展速度和对全世界的影响,是其他任何语言都望尘莫及的,其奥妙究竟何在,非常值得我们研究和探讨。

在短短400多年里,英语能够一跃成为世界通用语言,原因是多方面的。依据牛道生先生《英语与世界》一书的精辟分析,我们须从以下方面把握英语迅速崛起的真正原因。

在历史方面。1500多年前,盎格鲁—撒克逊民族凭借北欧日耳曼民族勇猛顽强的"海盗精神"抢占不列颠岛,在非常艰难的自然环境中,凭借本民族团结的力量战胜外族屡次的侵略,在不列颠创建新的国家——英国;然后,在文艺复兴运动中,凭借勤奋好学的探索精神,在广泛汲取欧洲古老文明成果的基础上,自力更生,力求创新,努力赶超欧洲大陆的老牌列强,从一个弱小的海岛民族发展成为欧洲乃至世界上的强盛民族,在16世纪以后短短200年中就创造出独具英国民族特色的先进语言文化。

在政治、军事方面。英国为了达到掠夺殖民地的目的,不惜用武力在世界各地镇压当地土著居民,在政治上竭力奉行殖民政策,强行传播和普及英语语言文化,用英语同化当地民族语言,使英语在美洲、大洋洲、非洲、亚洲的英国殖民地牢牢地扎根,结果造就出美国、加拿大、澳大利亚、新西兰、南非、印度等多个具有本土语言文化特色的英语变种。

在经济、科学技术方面。因为先前的大英帝国以及后来的美国,都先后在经济上垄断国际贸易市场的许多重要领域,英语必然随着这些领域的商品打入世界各国。如今,许多大的国际跨国集团仍然被美、英两国控制,国际经济贸易游戏规则基本都是用英语作为蓝本制订的,并被美、英等西方国家所操纵或主导。在人类近代自然科学技术方面,许多先进发明创造和尖端科学技术来自英、美两国的科学家,他们用英语写成的科研报告和资料,以及发行的英文学术期刊必然受到世界各国科学家和科技人员的青睐。为了获取英、美的先进科学技术,或参加国际学术交流,非英语国家的大批科学家和科技人员不得不下苦功夫学习英语。

在外交、国际贸易和旅游产业方面。美、英两国以及许多英联邦国家把英语作为第一语言或官方语言,美、英又分别是联合国五个常任理事国之一,这使得英语在 1948 年联合国成立之日就成为联合国的工作语言之一,并且用英语制定的国际法在全世界普及面最广。为了促进国际交往,世界其他国家的外交人员不得不学习英语。20 世纪后期,经济全球化趋势发展迅速,为了占领国际贸易市场和旅游市场,国际竞争越来越激烈,英语成为推销本国商品和旅游资源的有力武器,各国相关公司在国际媒体用英语大做广告,千方百计地为自己争夺客户。

在文化、教育和娱乐方面。因为美、英以及加拿大、澳大利亚等以英语为母语的国家都有许多世界一流的大学,各国为了培养一流科技人才,不得不派大批留学生或访问学者去美、英或其他英联邦国家大学留学或从事合作科研活动,英语自然成为年轻人梦寐以求地考入这些国家大学的"敲门砖",以及学者们进行学术交流的工具。另外,世界上高水平的大学教材和现代文学著作,绝大部分是用英语写成的,各国高等院校为了提高教学科研水平,与世界学术接轨,不得不选用或借鉴西方国家的大学英语教材和现代文学著作。美国人最早发明了电影,后来又发明了电视、录像。美国凭借高科技手段生产的大批影视音像制品,具有非常诱人的魅力,不但占领了英语国家娱乐市场的大部分份额,在非英语国家也十分畅销。其他国家为了使本国的影视产品能够打入国际娱乐市场,也将其翻译成英语在全世界发行。因此,英语必然随着美国或其他国家影视音像制品的全球广泛传播,从而引起世界亿万观众学习英语的兴趣。

在新闻、出版、通信方面。世界上最大的国际传媒垄断集团,几乎都被美、英所控制;国际电信以及全球网络通信业也几乎被美国所操纵;世界新闻出版领域的英语书籍、报刊发行量最大,英语自然成为世界新闻、出版、通信领域的首选语言或主导语言。

在民族语言文化方面。民族语言的文化价值还表现在不同的民族语言有其独特的文化气质。语言的文化气质,指的是一种语言在交际过程中使说话人和听话人在心理上得到的某种感受,这种感受一方面受周围环境的影响;另一方面由语言结构各方面因素综合作用而显露出来。自 18 世纪以来,英、美一直先后处于世界近代史上全球先进生产力发展的顶峰。因此,根据经济基础决定上层建筑的马克思主义经典理论,英、美必然成为世界近代史上先进语言文化的主要代表者,英、美的语言文化在全世界的竞争力必然最强。那些弱小民族或语言文化落伍的古老民族,一旦沦为英、美的殖民地,其本土的语言文化必然面临被同化或边缘化的危险,英、美英语语言文化势不可当地成为这些被奴役民族的主导语言文化。即使这些民族后来独立了,在很长的历史时期内依然难以摆脱对英语的高度依赖,如印度、巴基斯坦、孟加拉国、南非等国至今仍然把英语作为本国的官方语言使用。

经过 1500 多年的变迁,英语从几个日耳曼部族的语言发展为今天具有重大国际影响的语言,这固然有上述政治、经济、社会等方面的原因,但英语语言本身的独特优势同样不容忽视。词汇的开放性便是其优点之一,英语极善于吸收外来词。一方面,英语属于日耳曼语族,有日耳曼语的共同词语;另一方面,英语长期与法语及其他罗曼语族语言联系密切,同时吸收了大量古典词语。可以说,英语把代表欧洲主要文化的词语兼收并蓄,这在欧洲各国语言中间是独特的。今天,每当出现一种新的事物、设备或时尚,只要其他语言中已经提供一个合适的词汇,英语就会心甘情愿地把它吸收进来。而且在吸收过程中,往往词形不做任何改变。

英国语言学家布赖恩·福斯特在《变化中的英语》一书里精辟地分析了英语民族在吸收外来词语问题上的民族心理特点:"从英语的整个历史来看,英语对其他语种的词语总是乐于采纳的。确实,人类各种语言都或多或少地借鉴了外界模式,但有理由可以认为,英语跟其他主要的语种相比更易于接受外来的影响。法国人在1624年成立了法兰西学院。它于1964年出版了《法兰西学院词典》。他们希望靠此来阻止或多少能控制外国词语的流入。而对于大多数说英语的人来说,这是不可思议的,他们似乎主张一种语言上的'自由贸易'。他们说,如果一个外国词语是有用的话,那就应该采用,不论其来源如何。"

从语法角度看,当代英语正朝着精练、简化的趋势发展。语言结构上的演变不是通过"爆发"方式形成的,正如斯大林在《马克思主义与语言学问题》一书中指出的:"马克思主义不承认在语言发展中有突然的爆发,有现存语言的突然死亡和新语言的突然创造。""语言的发展……是经过逐渐的、长期的语言新质和新结构的要素的积累,经过旧质要素的逐渐衰亡来实现的。"自19世纪以来,英语语法结构所发生的一系列变化虽仍处在"新结构的要素的积累"和"旧质要素的逐渐衰亡"阶段,但对其中的一些简化趋势我们是不该否认的。这些特点使英语同其他欧洲语言相比更容易学习,也更容易入门。当然,英语也有其弱点,最容易察觉的弱点便是拼读不统一,容易造成拼写混乱。此外,同义词、惯用语特别多,这固然使英语富于表现力,但同时也给英语学习者带来了不少困难。在上述诸多因素的综合作用之下,英语在世界范围内大行其道也就不足为奇了。

二、英语语言文化

(一)英语姓名

姓名是社会上每一个独立的个体所特有的标志,是现实生活中与每个人相对应的特定指称。姓名总体上是区别性符号。然而,姓名既是历史,也是文化,既是故事,也是画卷。它们反映当时当地的经济发展状况、思想文化传统及人们的风尚习俗,内涵丰富,引人入胜。英语姓名的文化内涵极其丰富,诸多姓名不但折射英语国家的历史文化,反映某个时代特征,还寄寓着人们的情感和希望。

通过英语姓名这个窗口,我们可以深入地了解英语民族特有的文化风貌。

1. 英语姓名的构成

英语姓名和汉语姓名在表述形式上有所不同。汉语姓名的姓在前,名在后,如"王明明"这个名字,"王"是姓,"明明"是名;英语国家的姓名一般由"名"+"姓"两部分组成,其排列顺序正好与中国的"姓"+"名"相反,也有人有两个或两个以上的名,按照"首名"+"中名"+"姓"的次序排列。英、美人在大多数情况下只使用一个名字,即首名或教名,它们是孩子出生后接受洗礼时命名的,一般由父母或牧师来取;只有在办理公务或签署文件时才使用中名甚至第三个名字,中名多是以父母亲朋的某个名字来命名的,表达了本人与父母亲朋之间的关系。在英语国家,人们一般都信仰基督教,按其宗教习惯,孩子出生一星期左右就要抱到教堂去举行洗礼仪式,并由父母、牧师或亲友起好名字,即教名。教名居全名之首,因此又称首名。根据英语的教名或首名,我们就能知道一个人的性别。这些名字绝大部分来自古代圣人、《圣经》中的英雄和神话传说中的人物。其中,有些名字有缩略形式。由于姓名中使用了缩略语并省略了中间名,英国前首相安东尼·查尔斯·林顿·布莱尔(Anthony Charles Lynton Blair)常被称为托尼·布莱尔(Tony Blair),美国第四十二任总统威廉·杰斐逊·克林顿(William Jefferson Clinton)成了我们熟悉的比尔·克林顿(Bill Clinton),这种缩略语实际是一种昵称,有些类似我们中国人所说的"小名"。

在英国学校里,姓一般只用来称呼年龄较大的男孩子。仅用姓来称呼成年男子的用法正在迅速消失。但是,当他们不在场的时候,谈到他们时只用姓也是可以的,因为这样有助于说话简洁明了。如果用姓来称呼或谈到女子,姓前要加上 Mrs(已婚者)或 Miss(未婚者)。英语国家先名后姓的姓名结构反映了英语民族强调个性,提倡个人奋斗,尊重个人独立人格与自我价值体现的个性主义精神,这一点与中国传统文化宗族至上的观念可谓截然相反。不过,也许是西方人士意识到了姓氏同样重要,近年来,在欧美国家的许多文件和登记簿中,特别是在学术著作和论文的参考文献中,也出现了姓在前(大多按字母的顺序排列),名在后的情况。值得注意的是,这样写的时候,在英语的姓后面总是有一个逗号(,),表示这个姓名是被颠倒写的,如将 Eugene Albert Nida 写成 Nida, E. A.。

2. 英语姓氏的主要来源

中国人很早就有姓,而且把姓视为血缘关系、传宗接代最重要的标志,以姓聚族而居,建宗祠、立家庙。可是,英国人在历史上很长一段时间内却只有名而没有姓。英国人原先每人只有一个名字,而使用姓氏要比名字迟得多。姓氏起源于别名,原先是用来区别同族而不同家庭的同名人的注释,后来演变成姓氏。至于世袭姓的出现更迟,大致始于 11 世纪,首先见于贵族阶层和大城市,直至 16 世纪才完全普及。16 世纪英国文艺复兴时期,基督教要求对姓氏进行登记,姓氏才得到普遍使用。

英语姓氏根据其起源大致分为三类。

(1)职业姓氏。英语中有许多职业姓氏,也就是说,祖先做什么工作,其后代就姓什么。它们最早起源于英国乡村,用于区别从事不同职业的同名字的人,如 John Barber(约翰·巴博)是指"从事理发工作的约翰",John Baker(约翰·贝克)是指"做面包的约翰"。铁匠(smith)在中世纪是非常重要的职业,当时每个村庄都有铁匠,他们在和平时期制作马蹄铁以及所有农具,在战争时期则制造武器。常见姓氏 Smith(史密斯)表明该姓氏的最初使用者是铁匠。其他姓氏如 Taylor(泰勒)、Cooper(库珀)、Carpenter(卡彭特)、Clerk(克拉克)、Cook(库克)、Shoemaker(休梅克)、Fisher(费希尔)、Hunter(亨特)等也都是这样形成的,其对应的职业分别是裁缝、制桶工、木匠、办事员/书记员、厨师、鞋匠、渔夫、猎人等。

(2)地名姓氏。地名姓氏即以居住地为姓,也就是说,祖先住在什么地方,其后代就姓什么。反映地理位置的姓氏有:East 伊斯特(东方)、West 韦斯特(西方)、London 伦敦(英国首都)、Town 汤(镇)等。这些姓氏起源于法国,11 世纪,诺曼人把来自住所地名的姓带入英格兰,许多贵族的姓就是以这种方式构成的。这种姓中往往有 de (la)、del 等小品词,意为 of。撒克逊人的对应方式是 at(te),如 John atte Brook(小溪)、Edgar Atwell(水井)、William Atwood(树林)。后来,at(te)等小品词被去掉,上述姓名就变成了现在的样子:John Brook(约翰·布鲁克)、Edgar Well(埃德加·威尔)、William Wood(威廉·伍德)。古时英国不同的城市中有许多重名的人,为了区别,人们会用诸如 Griffith London、Griffith York 等方式表达,以区别这个人是来自"伦敦的格理夫斯",另一个是来自"约克的格理夫斯"。后来,London、York、Bolton(博尔顿)、Preston(普雷斯顿)等城市名就逐渐演变成固定的姓氏。在同一个村庄中可能有若干个叫 John 的人,为了区别,人们把那些同叫 John 的人分别称为 John East 或 John West,

即"村东的约翰"和"村西的约翰"。这些用于表示方向的词汇逐渐成了姓氏,比如,East(易斯特)、South(索斯)、West(韦斯特)、North(诺斯)等。不少英国人姓Hill(希尔),这些人的祖先应该住在山上(hill),而英国前首相 Winston Churchill(温斯顿·丘吉尔)的祖先可能就住在一座有教堂的山上。

(3)个人特征姓氏。个人特征姓氏描述最初使用该姓氏的人的外貌,或者是对某个人个性方面的评价,例如,Brown(布朗)和 Grey(格雷)分别指长有棕色头发的人和头发为灰白色的人,Strong(斯特朗)或 Turnbull(特恩布尔)是指以力量大著称的人,Longfellow(朗费罗)是指个子高的人,Little(利特尔)是指个子矮的人,Sharp(夏普)、Smart(斯莫特)和 Wise(韦斯)是指非常聪明的人,等等,这些姓氏实际是一种绰号。

(二)英语称谓

1.亲属称谓语

亲属称谓是具有血统与婚姻连锁关系的亲属之间的称谓。例如,father(父亲)和 daddy(爸爸)。在书面语、正式场合和间接称谓中,一般用正式说法,如"祖父"(grandfather)和"祖母"(grandmother)。在口语、非正式场合和直接称谓中,一般用非正式说法,如"爷爷"(grandpa)和"奶奶"(grandma/granny/grannie)。英语和汉语中,长辈直接称谓晚辈,经常称呼名字,而不常使用亲属词。汉语中,晚辈直接称谓长辈,一般总是要使用亲属词,而不能使用名字。如果晚辈用名字直接或间接称呼长辈,会被认为是不敬的表现。但是英美人在未成年时除使用亲属词称谓长辈外,有时也可以称呼名字(first name)。例如,小孙子可以直接称呼他的老爷爷为 Tom 或 George,而不一定非叫 Grandfather 或Grandpa。英美人在成年后更多使用名字称谓长辈,而很少使用亲属词。这点和中国人有很大的不同。

在亲属称谓方面,汉语民族主要受其宗法血亲关系的制约。中国人习惯用表示血亲关系的名词称呼家人、亲属,如"大哥""姊姊""小弟",甚至会将此类称呼用于朋友和陌生人,如"阿姨""奶奶""哥们儿"等,以示亲近。而西方人则很少这样做,中国人很难想象美国孩子竟会对其长辈直呼其名。英语亲属称谓仅用13 个名词(father, mother, son, daughter, brother, sister, uncle, aunt, nephew, niece, cousm, husband,wife)和几个修饰词(great,grand,step,half, first,second,in-law)就可以反映所有的辈分、同胞、血缘关系。而汉语亲属称谓男女有别,长幼有序,血缘关系的远近疏密泾渭分明,因此远比英语亲属称谓复杂得多。

2.社交称谓语

通用社交称谓语是指应用范围广、不拘泥于特定对象的称谓语,一般适用于社交场合。从社会语言学的观点来看,社交称谓语具有极其丰富的社会和文化内涵,是社会中权势性和平等性的象征。"权势性"是指上下或尊卑关系,也可依长幼、职业差别、教育高低等情况来定;而"平等性"则指平等关系,可指经验的共享,社会特征(宗教、性别、年龄、出生地、种族、职业、志趣等)的一致性,彼此关系亲密等。

3.称谓语的使用

称谓语的意义已超出符号或文字层面上的对于对方姓名身份的辨认,而具体关系人际关系的本身。称呼形式因人、因事、因时、因地不同而有意义上的差别,具有丰富的内涵。称呼形式得当与否,将直接影响跨文化交际的效果。总的来说,称谓语的使用有两种模式,即对称性模式和不对称性模式。

(三)英语数字

数字是表示数目的文字或符号,是人类认识世界、改造世界和记录历史不可或缺的重要工具。数字虽是一种计算符号,但其作用早已超越了数学王国的界限。"数字是语言学中的一个特殊的领域。在科学的数字世界里,它的功能是计算,秩序严谨,职司分明,是实数;而在人类心灵的数字世界中,它的功能是表义,许多数字经过'神化'后成为'玄数、虚数、天数'。它们有极其丰富的外延和内涵。"从古到今,数字一直被广泛应用于人们的日常交际中,常常被赋予特殊的内涵、寓意,成为特定民族语言文化的一个重要组成部分。

远古先民把长期积累起来的数量知识用于对具体单一事物的抽象和概括,便形成了数量思维和计算。数学与其他科学分支一样,是在一定的社会条件下,通过人类的社会实践和生产活动发展起来的一种智力积累。其主要内容反映了现实世界的数量关系和空间形式,以及它们之间的关系和结构。从认数计数知识的积累到数学科学的发展,反映了人类认识能力的飞跃,文明程度的提高。这一过程是伴随着语言的发展而发展的。因为,从本质上讲,语言和数学都是人类所使用的符号系统,语言逻辑和数学逻辑都离不开累加、相减、倍增和演绎等基本思维方法。

　　由于英国居民构成成分和文化渊源的关系,英语的算法较多受欧洲各国的影响,不过英国人早就有自己的计算符号和方法。英语中的基数词和序数词,除了 second(第二)是法语词和 million(百万)是拉丁词以外,其他的都是盎格鲁—撒克逊语。在古英语中"第二"用 other 来表示。罗马数字随着罗马人的入侵也进入英语。原始的罗马计数法是以手指进行简单运算的,所以 1~4 的符号很简单,分别为:Ⅰ、Ⅱ、Ⅲ、Ⅳ。5 用象征五指的 Ⅴ 来表示;10 是 Ⅴ 的倍数,就用 Ⅹ 来表示。其他数字则按照左减右加的原则分别在 Ⅴ 或 Ⅹ 的两旁进行加减。历史上的阿拉伯数字原是印度的位值计数符号,10 世纪末由摩尔人或阿拉伯人传入西班牙,然后在欧洲各国广泛传播,在 16 世纪后取代罗马数字。在一段相当长的时期,英国人并不采用十进制。阿拉伯数字用一个数字表示个位数,两个数字表示十位数,三个数字表示百位数,四个数字表示千位数。这种十进制在英国以及欧洲各国的引入,其影响大大超过了阿拉伯数字本身。现代英语计数(例如,统计、账簿、表格和支票)主要采用阿拉伯数字,英文表示数量的词语较多用于文字记述或者支票正式书写,罗马数字则只用于钟表、罗列项目或者书籍中的非正文页码中。

第二章
英语教学途径与手段

第一节　英语教学途径

一、心理途径

我国外语教学的心理途径是"从不自觉到自觉"。它与西方"由自觉到不自觉"的观点正好相反。因为着眼于外语学习的结果，"由自觉到不自觉"表示学生运用目的，先是有理有据地运用，即须依靠知识论证应该怎样用，这个过程必然是自觉的。到掌握之后，便能随心所欲地运用，运用时无须找根据、求论据，能够脱口而出，择笔而写，所以是自觉的了。中国人则着眼于学习语言的过程，先是机械地、单一地、模糊地、相近地、缓慢地，只要学生能够模仿实践即可，然后逐步向灵活、多义、清晰、准确、流利发展。中国的两句流传甚广的成语较好地表达了外语学习的内涵：一句是"读书不求甚解，一旦豁然贯通焉"；另一句是"读书破万卷，下笔如有神"。用今天的术语说，学到一定火候，内化的认知图示对新东西进行了内化或同化，就能构成新的图示，或达到顿悟。

我们从不自觉到自觉的英语教学途径还可以从西方的一些教学流派中求得佐证。例如，直接法主张用归纳法教语法，即学生在归纳之前是不自觉，归纳之后才自觉。听说法主张的五段教学法，尤其是代换—替换—转换—扩展—迁移，更是从不自觉（机械）到自觉（选择）。交际教学法的变体虽多，但基本上是先学功能，再求结构。

二、行为途径

从方法论角度分析,与前述心理途径相适应的我国英语教学的行为和操作途径之渊源,在于辩证方法、以大统小和百家争鸣。其具体结构为演绎式循环与阅读中心辐射。

(一)演绎式循环

我国英语教学有演绎式的传统,当代语言教学法提倡归纳式,而我们的教师仍觉得演绎式用来顺手。因为中华文化是一种自上而下的、以大统小的文化,代代相传,我们的思维方式有演绎的自然倾向,我们的教学也存在宣讲式的传播特点。但是我国民族众多,多样的文化都是中国文化的组成部分,所以我国的学术活动一直遵循"百家争鸣,兼收并蓄"的方法论原则,在追求相同目的的同时允许"各持己见"。

这种传统使我们的语言教学操作的演绎式不是上升的,而是循环的。因为直线式的演绎只能一演(宣讲)到底,这样不能辩证地处理许多问题;反之,循环式演绎就可在不同的循环中从不同角度变换学习的内容、方法和侧重点,以优化自己的教学活动。所以,循环是集百家之长必不可少的。

(二)阅读中心辐射

从历史来看,我国的英语教学在训练目标和训练方法上都以读为中心,由读而逐渐开展其他言语技能和语言运用能力的训练。因此,我国外语教学特别重视课文的选择,把学习课文看作是"教学之本",而学习课本的活动主要是读。课堂教学是读,课外自主学习也是读。语音教学、写作能力、说话讲演能力源于读,故古人概括说"读书百遍,其义自见",这表明读是学习的有效途径。

第二节　英语课堂教学现状

一、英语"教"的现状

英语教学改革对英语教师提出了更高的要求,因为教学工作和教学改革的实施者归根结底是教师。而一些院校外语教学不容乐观的现状,首要问题就是教师问题。由于近年来高校扩招，几乎所有高校的全日制班级和学生人数都在剧增。许多高校一改往日的"小班教学"为"大班教学"或"组合班教学"，这对以学生为中心、注重实践的互动型英语教学方式是不利的。实施小班教学是保证教学效果的重要措施，然而往往受制于师资不足。根据英语教学指导委员会的统计，目前我国讲授英语课的师生比是 1：130。为缓解这一矛盾，有些院校大量引进刚毕业的年轻教师。这些教师没有经过系统培训就直接走上讲台，由学生到教师的转变不得不在讲台上、课堂上来完成。

没有先进的教学理念，就不会有科学的教学手段，也不能建立有效实用的教学模式。虽然现在倡导"以人为本""以学生为中心"，可随便走进哪间教室，教师都在滔滔不绝，学生都在沉默不语，教师仍在大力地"授之以鱼"，而学生也总是张大口袋"受鱼"。

目前，英语教学中最流行的模式叫作"新传统教学模式"。著名教育家凯洛夫用认识客观现实的辩证唯物主义的科学认识过程来揭示教学过程的本质，他认为，在教学中学生掌握知识的认识过程，不仅与人类在其历史发展中认识世界的过程具有共同性，而且有其特殊性。在教学中，学生主要是在教师指导下掌握前人已发现的真理、已积累的知识，教学是依据教育目的和任务有计划地用系统的知识、技能、技巧来武装学生的头脑，使其树立世界观，发展智力和道德品质。凯洛夫继承和发展了赫尔巴特的教学模式，强调"双基"和系统科学知识的掌握，强调教师的主导作用。因而，人们对教学模式进行分类时，常把凯洛夫的教学模式称为新的传统教学模式。传统教学模式基本是以教师为中心、以教材为中心，师生之间的交流少之又少，学生的个体差异、个性心理特点，尤其是语言认知能力和知识经验没有得到应有的重视，过分强调听说、阅读、写作单一部分的学习。而"新传统教学模式"的"新"是指近年来一些学校为英语教学提供了多媒体教学设备，购置了多媒体教学软件。

另一个值得关注的问题是现行的教师职称评估体系不注重教学。教学类文章学术含量低，往往登不了"大雅"之堂。于是，为了"阳春白雪"，教师要钻研一些与课堂教学无关的高深理论，这不仅不利于教师将工作重点投放到教学上，客观上还起到了反作用，这种现状对教学质量的影响可想而知。

二、英语"学"的现状

随着办学规模的扩大,学生的来源越来越广,学生入校时英语水平存在较大差异。其中一些学生进校后不久就失去了英语学习的兴趣。另外,还有相当一部分学生对英语存在错误的认识,他们认为专业课才是重要的,英语课不过是一门选修课而已。由于教师人员数量的不足及学院管理的限制,英语课采取混合班级大班授课的形式居多。在偌大的班级里,学生入学英语水平差异过大,而教材是统一的,教学进度是统一的,难以因材施教,开展有针对性的教学,造成基础好的学生"吃不饱",基础差的学生"吃不消",处于两端的学生很难进步。在教学过程中,教师对于英语水平较高者可做更高的要求,不断鼓励他们主动积极地参与,力求达到更高的境界;而对于英语水平较低者,可少做要求或不做任何要求,否则他们会失去兴趣,无法培养他们的学习信心。当然,也有些高校出现"分级教学",而英语基础差的学生很难适应多媒体教学中容量大、高强度的信息交换。他们早已习惯了从小学到中学的"填鸭式"和教师一味强调"应试"的传统授课方式(由教师安排和计划好了整个学习,学生只要跟着教师的节奏,学起来就比较轻松)。相反地,面对多媒体教学中大量的语言资料,学生往往不习惯自己取舍、自己组织,结果学生学了半天收效甚微,严重影响了教和学的效果。

许多学生在离开教师的教学后却不会学习,这说明学生依赖性太强,没有自学能力,只会按照教师的要求去完成作业,并且有一些学生连布置的作业都不认真完成。另外,非英语专业的英语教学时间和条件是有限的,一般的英语教学只有 240～280 学时。再者,学生在学习行为方面没有主见。他们对传统教学方法感到失望,为学了英语而不能用而苦恼,但他们还是习惯于听课、记笔记而不"消化",死背单词而不活用,做题只会做选择题而不会其他,课堂上只会沉默而不愿动口动手。

三、英语考试

英语考试是指全国大学英语四、六级考试,它是用来检验英语教学大纲的落实情况的,是为教学服务的考试。客观地说,考试在设计原则、质量控制、数据处理、考试信度和效度、实施因素等方面进行了有关论证研究,并取得了一定的成果。该考试自 20 世纪 80 年代开始实施,其最大贡献是使全国高校意识到了英语教学的重要性,但它所带来的影响也是始料不及的。四、六级考试在社会上产生了较大影响,对英语教学起到了一定的积极作用,但是如果过分强调考试的作用会导致依赖性。如四、六级考试成为指挥棒,与毕业证书和学位证书挂钩的现象。因此,教育部有必要进一步改革四、六级考试制度,完善评价和考试体系。在研究英语四、六级改革的基础上,应重点研究学校在平时的教学测试中如何改革评估模式、具体测试方法与内容,如何配合统测做好日常评估,避免考试带来的副作用等,使四、六级考试与英语的正常教学协调起来。

然而,有考试就会排名次,尤其是全国性考试,其名次显得更加重要。虽然考试组织者并未说过要排名次,但事实上却给各高校,无论是领导、教师还是学生都带来了巨大的压力。从 20 世纪 90 年代起,国家实施"211"工程,高校纷纷参与评比,面对大量的教学检查、评估,四、六级考试"身价"渐增,被赋予了更多的内容,甚至成为考核该校教学乃至学校的一项重要指标。一些学校为了体现教学水平高,强行将统考成绩与毕业证书挂钩,迫使学生花大量的时间和精力学习英语,然后将通过率作为教学效果好的依据和指标对外宣传。许多学校不约而同地大抓四、六级通过率,纷纷制定"土政策",拿学位得过四级,过六级成了学生获得保送研究生资格的必备条件之一。同时,各招聘单位也把学生通过四、六级作为他们用人时优先考虑的条件。于是学生不得不花大量的时间应付四、六级考试。教师也感到压力很大,千方百计地帮助学生提高应试技巧,英语课堂自然成了以教师为中心的"一言堂"。

多年来,四、六级考试进行了多次改革。此前,四、六级考试一度因为与学生毕业证挂钩而广受诟病;随后,教育部要求全国高校禁止将四、六级成绩与毕业证挂钩。

第三节　英语课堂教学手段的更新与运用

一、外语课堂教学中的网络教学(WELL)

(一)网络教学的优越性

外语教学界对网络极为重视,称为"部分图书馆、部分出版社、部分电话与部分互动电视"，并代表了人类历史上最多样与革命的媒体。在以下一些重要问题上，网络教学显示了它在外语教学中的优越性：

1. 提供了大量真实、地道与生动的语言

外语教学界历来认为，学生必须学习真实、地道与实际使用的外语。语法翻译法占主导地位时期，学生主要通过文学著作学习语言，虽然提高了外国文学素养，从经典著作中学到了外语，但对日常交际中实际使用的语言常感到陌生。听说法时期提倡学习根据语言结构编写的教材与经改写的简易读物，后被交际法倡导者指责为不地道的"教材语言"。互联网上的外语（主要是英语）既有文学语言，更有本族语使用者运用的大量日常生活用语，其语言的生动性与数量之大是任何教科书都无法比拟的。

2. 创造了丰富多彩的语言与文化资源

外语教学提倡大量接触语言材料与增进文化知识，教学资源的缺乏历来使外语教师感到困惑，而互联网却提供了大量各种题材与各类水平的素材，其内容之丰富胜过任何资料库。全球联网使师生能随时查阅数以百万计的书籍、报刊与档案，师生之间的交流又可迅速在世界范围内展开，使课堂延伸至全球各地。另外，由于网络上的信息不断更新，师生能及时接触最新信息，并了解语言的变化与发展。

3. 培养了学生自主学习的精神与能力

网络实践表明，学生在教师指导下上网学习外语十分有利于培养自主学习精神与提高独立学习外语的能力。由于外语学习的语言环境远不如本族语环境的条件优越，外语学习的困难比较多，教师在外语教学中培养学生的自主学习能力不是一件容易的事。开展网络教学后，每个学生都必须使用外语查询信息，从中选择需要的材料，并与教师或同学交流信息，传统外语课堂中那种依赖教师或其他学生的现象难以继续存在，十分有利于培养学生的自主学习能力。

应该指出，网络教学之所以具有生命力，不仅在于它具有以上优越性，而且在于它扎根于认知心理学与社会语言学的土壤中。网络教学的目的是使学生理解语言的意义，从中培养分析与判断能力，并在人际交往中提高语言交际能力。因此，一些应用语言学家认为，它的理论基础是认知论与社会语言学的结合。正是这一理论使计算机在语言教学中的作用发生了变化：它从早期提供以结构主

义语言学理论为基础的语言,发展为提高认知水平与语言交际能力的工具。因此,基于网络的第二语言教学既是信息时代科学技术进步的结果,也是认知心理学与社会语言学相结合的产物。计算机技术是先进的手段,认知心理学与社会语言学则是科学语言观的体现,二者的结合赋予网络教学强大的生命力,推动了21世纪外语教学不断向前发展。

(二)网络教学对外语教师的要求

网络犹如浩瀚的海洋,它无一定结构,网络教学更无固定的规律可循,需要投入一定的时间和精力,才能利用网络教学的特点为各类不同的外语教学服务。与其他新兴教学理念一样,网络教学对外语教师提出了比传统教学更高的要求。

1. 掌握与更新外语教学基本理论、策略与方法

教师开展网络教学时,由于茫然无头绪,可能会一头扎进网络的汪洋大海中,花费相当大的精力搜索各种信息,结果事倍功半。由于网络教学只是一种教学手段,它受一定的教学理论、策略与方法的制约,如无科学的教学理念作为指导,即使运用网络教学,也会将传统教学的弊端带到教学中。因此,教师进行网络教学前,必须明确教学目标和据此采取的基本教学理念,再考虑如何利用网络及需要使用的具体方法,而且随着时间的推移,要不断更新已掌握的教学理念。笔者在以上讨论"后方法时代"时曾提到,学生的主动发展、师生互动、外语知识与能力培养、社会文化知识教学等都是外语课堂教学需要重视的方面。虽然一堂课不可能面面俱到,但应根据教学大纲与计划,在网络教学中逐一落实。如果仅注意采用网络教学的方法,就会忽视既定的教学目标,使网络教学流于形式。

2. 培养科学研究能力,以科研的方法备课与指导教学

网络教学是一种高科技的教学手段,教师只有从根本上培养自己的科学研究能力,才能运用自如。外语教学中的科研能力包括确定研究主题,收集、分析资料与数据,根据一定的理论进行论证与科学判断以及作出结论等。外语教师常因必须花费很多精力学习外语和教学理论及方法而忽视了科研能力。但是,即使掌握了网络教学基本的操作方法,如无科研能力支撑,遇到的困难一定不会少。从这方面来看,网络教学的开展也是外语教师科研能力提高的过程。

3. 学习与掌握网络教学的基本方法

(1)利用网络备课。利用网络备课主要指教学目标、内容与方法确定后上网查询所需资料,在众多材料中选用适合的内容,并对所选材料进行重新整合。由

于外语教学的网站很多,且良莠不齐,平时应关注网站信息,教师之间也应经常交流。

(2)使用各种电子通信手段进行教学。除了掌握使用E-mail、聊天室与实录交谈等网络教学的基本方法外,设立教师网页,并帮助学生建立自己的网页,通过各自的网页进行交流,也能取得良好的效果。互联网上有如何建立网页的网址,总之,网络教学对教师提出了新的要求,只要具有使用网络教学的愿望,下决心坚持学习,这些要求就能达到。

(三)利用网络进行项目型教学

实验表明,在项目型教学中使用网络的效果很好。其步骤大致如下:

(1)选择项目主题(如"计划出国旅游"),并向学生宣布。

(2)介绍有关主题的外语词汇、语言结构、活动内容等。

(3)学生提出研究性问题(如旅游目的地、打算做什么等)。

(4)指导学生搜索网上信息,并根据信息列出图表。

(5)学生分享已取得的信息(如进行角色扮演等)。

从以上步骤中我们可以看出,项目型教学的目标是使学生围绕一个主题掌握相关的外语知识与能力,网络教学只是项目型教学的一部分。但是,无论在知识教学还是能力培养方面,网络教学都明显地优于一般课堂教学。

二、现代教学技术手段在外语听力与口语技能教学中的运用

"听"是汲取信息的主要途径之一,它与"说"的结合是交际的重要手段。在实际使用语言时,听与说经常紧密联系在一起。因此,外语教学以及相关的教学手段也常体现二者的结合。尽管如此,听与说毕竟是两种不同的技能,其教学手段仍然有不同的特点。近年来,特别是在语言学家克拉申提出可理解语言输入的重要性后,有关外语听力教学理论与方法的研究发展很快,教学手段也不断更新。在"说"的教学方面,自20世纪初期直接法大力提倡发展口语以来,如何有效地提高"说"的能力一直是各教学法学派关注的一个焦点,有关教学手段也随之迅速发展。

近年来,用于外语听说教学的现代教学技术手段十分多样。以下仅为听说教学中如何运用现代教学技术手段的几个主要方面。

(一)利用各种现代教学手段增加学生的可理解语言输入

语言输入对学好外语的重要性是不言而喻的。但在克拉申提出可理解语言输入理论以前,人们对语言输入的认识比较肤浅,一般仅停留在数量方面,如听说法提倡学生大量地听外语,并提供数量可观的听力材料等。克拉申却在他提出的"输入假设"中强调,只有当语言习得者理解语言输入时,语言习得与学习才能遵循自然顺序发展。当前外语教学界普遍认同克拉申的观点,即"可理解语言输入"至少有三层含义:首先,必须有一定的数量。其次,它还应保持较高的质量,输入的语言必须纯正与地道。最后,它还应该为学习者所理解,即语言输入的难度既适合学习者水平,又略高于此,即达到所谓"1(学习者现有水平)+1"的要求。

为了使学生汲取大量可理解的语言输入,当然需要运用各种教学手段。事实上,在传统的外语课堂教学中许多教师已通过在教室播放录音或在语言实验室收看电视、放映录像与电影等途径增加学生的外语输入,并收到一定的效果。但是,随着 21 世纪对学生外语水平的要求不断提高与学生课内外汲取外语知识的愿望与能力迅速增长,仅依靠少量的录音与录像或有限的几次坐在语言实验室里被动地听取语言材料显然是远远不够的。这方面的好消息是,当前,现代教学技术手段已在以下几个方面取得了进展。

1. 运用多媒体全方位增加学生的语言输入

多媒体是集图画、图表、形象、动画、声音、音乐与文本于一体的教学手段。它含有多种表现形式,既可交替运用,也可同时使用。因此,在相同的时间内,运用多媒体比单独使用教学手段如录音与录像等,在提供语言输入的数量上要大得多。就语言质量而言,由于多媒体能使多种语言形式互相配合,更能确切地表达语言的意义。更重要的是,它能加深学生对语言的理解,并有助于在理解基础上的记忆。一般来说,成人大脑通过听觉约能记忆语言材料的 25%,通过视觉能记忆语言材料的 45%,同时通过听觉、视觉与亲自实践则能记忆语言材料 70% 的内容。因此,无论从语言输入的数量、质量还是可理解性等方面来看,多媒体的这些优越性都是其他教学手段难以比拟的。

2. 使用各种计算机软件,结合教材提供语言输入

目前已有多种 CALL(计算机辅助外语教学)能辅助外语听说教学。例如,

选择一些内容与课文相关的故事或报道,课前用来作为热身活动或提供背景知识的材料,在协助理解课文的同时,加大了语言的输入量。又如,一些关于英语词汇意义与用法的 CALL,图文并茂,生动活泼,可从中选择与所学内容相关的词汇及故事,将它们与课文中的词汇联结起来,学生点击这些词后,不仅可进一步了解单个词的意义,而且可听到大量的故事或说明,增加了语言输入。同时,由于这些 CALL 的使用可以由学生控制,对于困难的材料,可以反复听取,十分有利于提高外语理解能力。

3. 利用网络提供的素材,选取适合学生水平的语言材料

为了加大语言输入,过去外语教师常花费大量时间与精力从录音或电视中选择适当的语言材料,即使选好了内容,语言难度也不一定适合学生的水平。

如今网络上的内容极为丰富,从一些外语网站上可以下载各种材料提供给学生,以加大他们的语言输入。

(二)运用多媒体创设丰富生动的语言情境

以上提到,多媒体能同时使用图画、图表、形象、动画、声音、音乐与文本等多种形式的教学手段,因此,当它用于外语教学中常需要的情境教学时,其生动、活泼与形象的特点能产生其他教学手段不能达到的教学效果。使用多媒体创设语言情境与上述加大语言输入的目的不同,前者需要关注情境的意义,并在所学语言的背景知识方面下功夫;而后者则需要注意选择语言内容,从语言的数量、质量与可理解程度方面加以考量;同时,运用多媒体创设情境时还需从社会文化的角度审视它是否具有所学语言所要求的文化氛围。因此,同样是使用多媒体,用于增加语言输入与创设语言情境的多媒体在目的、内容、方法等方面都不尽相同。

(三)利用现有 CALL 与网站发展听力和口语能力

1. 发展听力

当代听力教学一般采用从部分到整体的微观法与从整体到部分(如了解背景知识和通过假设、预言、分析与推断理解整体内容等)的宏观法相结合的教学方法,以及基于学习策略的听力教学法(培养掌握中心思想、识别关键词与猜测词义等能力)。当前市场上这样的软件逐渐增多。

采用微观法的软件与语音、词汇和语法练习软件类似,只是前者仅以听的方式进行练习活动,而且练习的目的是提高听力;而后者则采取听与阅读文字两种形式,大部分为单项练习,其目的完全是增加语言知识。采取宏观法的软件很多,比较简单的如放映简短的带有动画的外语歌曲(或短篇故事)录像后,要求学生做完形填充,再对照正确答案完成练习。有的软件先放映一个故事的开始部分或开始与结束两部分的录像,要求学生猜测未放映部分发生的事件,然后让学生逐段掌握内容,以培养他们通过听进行假设、预言的能力。为了帮助学生把握各段落的中心思想,有的软件采用声音、图画、图表等多种形式提高学生的听力水平。

2. 利用互联网与软件提高口语能力

使用 CALL 提高口语能力的难度相当大,因为再好的机器总不如活生生的人那样能灵活自如地进行对话。然而,近年来得益于信息技术及互联网的迅速发展,运用 CALL 进行口语教学取得了长足进步。

首先,运用互联网进行口语教学的一个重大突破是互联网上即时信息传送的使用。自利用互联网互通电子邮件与开展聊天室活动以来,外语口语教学已走出了教室。过去仅局限于课堂内教师与学生或学生与学生间的交际活动,现已延伸至社区与社会,甚至世界各地。不仅交流次数频繁,而且内容与形式都大为改观。尽管电子邮件与聊天室活动使用的语言已十分接近口语,但它们毕竟需要借助文字才能进行。外语学习者通常又习惯于使用比较正式的书面语,只要能表达意义,对方总能接受。运用互联网上的即时信息传送后,一方面,受到时间限制,信息交流时被迫迅速反应;另一方面,还可利用音像设备,与对方面对面地对话,更重要的是,即时信息传送可由多人参与,教师在一旁指导,使口语活动的效益大为提高。当然,运用即时信息传送进行外语口语教学必须在课前做好充分准备,明确教学目标、内容与方法,防止出现失控现象。同时,由于使用即时信息传送需要有较好的语言基础,初学者可能无法达到教学要求,它应在学生的外语达到中、高级水平以上才能运用。

其次,除了即时信息传送外,网上还有不少外语教学网站提供口语教学的项目。这些项目数量不小,但良莠不齐,使用前必须在教学目标、指导思想与方法等方面仔细推敲。

三、现代教学技术手段在外语阅读与写作技能教学中的运用

长期以来,特别是自语法翻译法形成后,阅读与写作技能的培养就是外语教学的重要内容。因此,在阅读与写作教学中使用各种教学手段的历史十分悠久,如早期外语教学中即运用图画、图表等教具辅助阅读理解,引导学生写作,等等。随着现代化教学手段的发展,CALL 与互联网迅速应用于外语阅读与写作教学中。由于计算机与网络都离不开文字,阅读与写作教学中使用 CALL 与互联网非常自然,研究中遇到的问题也不如听力与口语教学手段那么复杂,因而,无论从内容或形式来看,它们都比听力与口语教学中的教学手段发展迅速,成果更为丰富与成熟。

(一)现代教学技术手段在外语阅读教学中的运用

外语阅读教学中运用现代教学技术手段主要是通过使用计算机软件与互联网网站来实现的。由于当前这些教学手段已发展成带有较强交互性的多媒体软件,网站提供的阅读教学内容与方法又很多样,过去有些语言实验室内设有的阅读机已相形见绌,很少被用于课堂教学。

研究阅读教学的语言学家格雷布指出,外语阅读包括六个方面的要素:

(1)自动认字技能。

(2)词汇与语言结构知识。

(3)语篇结构知识。

(4)社会文化背景知识与分析。

(5)综合与评价技能和策略。

(6)元认知监控阅读的知识与技能。

在上述六要素中,除了社会文化背景知识与分析和元认知监控阅读的知识与技能常与其他要素结合进行教学,一般不单独采用计算机软件等教学手段外,其他四要素的教学在运用现代教学技术手段方面都有很大发展。

1. 自动认字技能

自动认字技能是指阅读者无须意识到认字过程就能迅速认出字母与文字。快速而准确地认字能使读者将主要精力放在理解整句、整段与整篇文章的内容上。而认字能力弱的人往往于阅读一开始就被单词这一"拦路虎"挡住了道路,

进一步提高阅读理解能力也就无从谈起。

自动认字是阅读理解的初级阶段,因而无须采用复杂的教学手段辅助。传统的教具是采取图画与录音配合,速度比较慢。

适合青少年的软件还有兔子学习阅读,该软件以故事书的形式,采用多种教学法通过大量的练习帮助学生掌握英语单词与语音间的联系。适合成年人学英语的多媒体软件如字母表,将图画、图像、声音、音乐与计算机键盘打字结合进行认字教学,对任何未能掌握的单词或短语,学生可以反复听与练习,同时它还备有英国、美国与澳大利亚等不同版本可供选择。为了提高阅读速度,有的软件还具备控制速度的功能,教师或学生可以逐步加快阅读单词的速度,使阅读具有较强的挑战性。

2. 词汇与语言结构知识

外语教师都清楚词汇与阅读的关系十分密切。外语的词汇量很大,每一个单词与词组的用法不同,掌握外语词汇是一个长期艰苦的过程。因此,使用现代教学手段辅助外语词汇教学极为必要。当前已有大量有助于英语词汇学习的系列产品,图画生动活泼,配以单词与大量故事或短文,提供各类词汇的上下文,与过去词汇学习枯燥乏味形成鲜明对比,对青少年英语词汇学习有很大帮助。

此外,互联网上的电子词典不仅词汇量大,而且备有丰富的图解及录像图书馆,使用者可以看见与听到所选词汇及有关图画或图表,甚至自己组合词汇,保存图画与文字或进行编辑,从中学到如何使用词汇,这些功能都是一般书本式词典无法比拟的。

在语言知识结构方面,一些多媒体软件与早期CALL的语法练习相比,在质量上有显著的飞跃。不仅提供大量单项语法练习,而且将语法练习置于不同的日常生活的情景中。不仅有单向的问答,还有双向交流,使练习活动具有很强的交互性。在单词、短语和句子等不同层次上提供各种语法练习,并设置了使用者自己控制速度的功能,使各类水平的学生都能根据自己的实际需要运用这一软件。

3. 语篇结构知识

语篇结构知识包括语篇组织结构的类型以及组织语篇的手段(如对比、因果、问题的提出与解决)等方面。传统的外语阅读课忽视语篇知识教学,即使有些教师注意到有关语篇的知识，一般也仅通过大量讲解以达到传授知识的目的，学生的练习活动很少，不会运用多种教学手段。而当代外语阅读教学则不同，它既重视语言在单词、短语与句子层次上的意义，也强调理解语篇的重要性。因此，使用现代教学技术手段已成为外语阅读课必不可少的组成部分。

这方面的软件不少，提供短篇阅读材料，有意识地将一些单词与短语留空，或将其中的单词打乱，要求学生重新组织语篇。通过实例指导学生练习如何识别、理解与运用主题句、过渡词，说明论点的细节等语篇结构知识。同时，也提供具体的阅读材料帮助学生比较不同的语篇结构及其使用的手段。特别是软件中的图画与图表等形象的表现形式与互动式的练习活动相结合，加深了学生对语篇结构的理解，其教学效果显然优于教师单调与冗长的讲解。

4. 综合与评价技能和策略

在阅读过程中不断进行推理、判断、分析、综合与评价对提高阅读理解能力极为重要。计算机软件与互联网网站在这方面都能发挥辅助教学的作用。计算机软件具有高度交互性，其中充满解决疑难问题的练习，要求学生比较与评价两个或多个犯罪案件，从而判断哪些目击者述说的内容符合事实，哪些犯罪嫌疑人有犯罪动机、作案条件与方法。问题一个接着一个，环节一环紧扣一环，学生在不断思考与学习中阅读，甚至达到欲罢不能的境地，有力地协助了外语阅读教学。互联网网站的特点是要求学生采取角色扮演的方法，例如假设自己是记者，阅读一篇文章后，选择正确的大小标题、插画与作者意图，帮助学生提高理解、分析与综合整篇文章意义的能力。

有些互联网网站也以图表、图像与图画等多种形式配合阅读材料，提高学生分析综合与评价阅读内容的技能。例如，有些网站将信息分类，要求学生根据一个主题收集各方面的资料，然后进行综合分析，以完成某一具体任务。又如，一个任务是介绍某小镇概况，学生需在网站提供的信息中收集人口、气象、地理环境、经济与政治等方面的资料，最后进行综合与评价。学生从这些活动中的受益之大是十分明显的。

(二)现代教学技术手段在外语写作教学中的运用

在外语技能中，写作是最得益于现代教学技术手段支持的技能之一。凡外语教师都体会到写作教学的艰辛，由于外语写作需要较好的语言知识基本功，传统的写作课上教师往往大量讲授词汇与语法知识,导致教学枯燥乏味,学生失去兴趣。又因写作对学生外语思维方面要求较高,致使这一技能的难度大于其他技能,不少学生对之望而生畏,心理压力较大。而现代教学技术手段恰恰在这些方面辅助写作教学,多媒体软件可协助教师活跃语言基本知识教学,网络的运用,特别是电子邮件的普及使很多学生从惧怕到逐渐喜爱外语写作,有些人甚至爱不释手。因此,根据教学要求选择适合学生水平与兴趣的现代教学手段对提高外语写作教学的效益至关重要。

外语写作教学的发展经历了文本分析、对比修辞模式与写作过程模式三个阶段。文本分析阶段着重进行写作基本知识(主要是语法知识)教学;在写作过程模式阶段,教学重点逐渐转向对学生的思维、写作动机与态度以及语篇结构等方面的教学;第二阶段,即对比修辞模式阶段则是从第一阶段向第三阶段的过渡,因而它常兼顾前后两个阶段的教学内容。尽管文本分析阶段早已过去,但该阶段使用的一些教学方法沿用至今。因此,当前在写作教学中运用现代教学技术手段时,也采用它们为文本分析阶段使用的写作知识教学服务。

1. 写作基本知识(主要是语法知识)教学中的现代教学技术手段

这方面的软件十分多样,从初级与简单的游戏到高水平与复杂的多媒体互动式练习,涵盖了各类外语语法知识的教学内容,并与听、说、读、写四种语言技能相结合,指导学生通过各种类型的语言结构练习发现与总结英语语法规则,然后阅读或听取包含这些语法规则的语言材料,进一步理解语法的意义,再通过写作实际运用所学规则。例如在运用过程中对语法规则仍有疑问,可查阅有关的文字说明或图表,逐一解决疑难问题,综合语法形式、意义与使用等方面,为学生提供全面的语法练习。其中使用语法的典型练习为:先简洁地提供一个日常生活情景,然后根据内容围绕某一语法规则做一系列练习。当学生产生错误时,软件会提供纠正的线索,并引导他们改正错误。

还有的软件充分利用计算机的特点,发展了传统语法教学常用的改错练习,使之更为丰富与生动,将带有语言错误的文章呈现在屏幕上,同时在文章的左侧指出同一行中存在的错误,要求学生改正。这类练习可以由学生单独做,也可开展小组活动集体做,并进行组间竞赛。

2. 根据写作过程模式制定的现代教学技术手段

写作过程的第一阶段,即写作前阶段,学生需要教师帮助他们激励写作的热情,产生写作的欲望,同时考虑组织自己的思路,拟定写作提纲。在传统的外语课堂上,这些只能通过教师的口授完成,往往事倍功半。但如使用现代教学技术手段,就能帮助学生打开思路。该菜单中不仅包括写作计划、创造性思维、提纲、概念匹配以及图表等写作要素,而且备有具体的写作专题所需考虑的一系列相关内容,学生写作前从中选择需要的素材后,在此基础上经过整理,一般就能为写作做好准备,为写作开一个头,要求学生写一篇文章。不同于仅使用文字作为文章开头的练习,它们配有动态的实物、图画甚至音乐,能引起学生的遐想,是比较有效的激励写作的教学手段。

在第一阶段做好准备后,即开始草拟文章阶段。此时学生可利用计算机中的文字处理软件起草,随时修改内容与文字,同时利用一些网上提供的修改与编辑文章的项目辅助自己的写作,还可让教师与学生同时了解写作内容,指出写作过程中的错误或提出修改意见。这样做一方面加强了教师对学生写作的个别指导,另一方面开展了学生之间的互帮互学,是写作教学中合作学习的具体体现。

第三阶段的目的是成文与定稿。此时学生可利用各种软件推敲词与句的用法,在综合考虑教师与同学的意见后定稿。传统的外语写作练习在定稿后直接交给教师,而使用现代教学技术手段却能使学生继续向前。如有兴趣,学生可进一步根据出版的要求修改文章,在网上出版,并与其他同学或朋友交换文章。有些网站设有学生论坛,专供学习外语的学生在上面发表自己的写作成果。例如美国伊利诺伊大学的网站 Exchange 就提供这样的论坛。学生的文章如能在网上发表,与全世界的读者分享己见,对他们该是多么大的鼓舞!不仅过去对外语写作的畏难情绪会一扫而空,在不断修改文章的过程中所学的技能与知识也是不可能从传统的外语写作教学中得到的。

实践证明,运用现代教学技术手段进行外语写作教学,能调动学生学习外语的主动性与积极性,有利于教师对学生的个别指导,更重要的是,它能协助学生在写作实践中不断学习外语,并从中发现与解决问题,提高自主学习能力与外语表达水平。因此,在当前改革外语写作教学过程中,如何选择与利用适合学生特点和水平的现代教学技术手段已不是简单地使用教具的问题,而是成为一项与改革密切相关的重要工作。

第三章
英语教学理论与发展改革方向

第一节　英语教学基础理论

一、比较语言学

比较语言学，又称历史比较语言学，是把有关各种语言放在一起加以共时比较，或把同一种语言的不同发展阶段进行历时比较，以找出它们之间在语音、词汇、语法上的对应关系和异同的一门学科。利用这门学科，一方面，可以研究相关语言之间结构上的亲缘关系，找出它们的共同母语，或者明白各种语言自身的特点，对语言教学起到促进作用；另一方面，可以找出语言发展、变化的轨迹和导致语言发展、变化的原因。比较语言学19世纪就广泛地应用于印欧语的语言研究，并且取得了很大成就。它的奠基人是德国语言学家格里木、葆朴和丹麦语言学家拉斯克。

比较语言学起源于18、19世纪的欧洲，研究重点是印欧语系诸语言的语音系统。施勒格尔发表了题为《论印度人的语言和智慧》的学术论文。他强调语言内部结构方面的研究，指出梵语和拉丁语、希腊语、日耳曼语等在词汇及语法关系方面有着亲缘关系，并首次使用了"比较语法"这一术语。拉斯克出版了一本讨论古北欧语的语法书，之后又出版了一本讨论古英语的语法书。在这两部著作中，他首次使用语音对应关系来比较不同语言中的词源形式。后来的"格里木定律"中的各种对应关系，实际上是由拉斯克首先提出并用例子加以证明的。格里木 1822 年出版的《德语语法》(第二版),用较大的篇幅来讨论字母,阐述了德语与其他印欧语言之间的语音对应关系。他发现的这些语音对应规律被后人称为"格里木定律"。葆朴的语言研究目的是找出语言的原始语法结构。他在《比较语法》一书中宣称,他的目的在于对有关语言进行比较描写,探索支配这些语言的规律及其曲折变化的起源,就是在探索原始语法结构的过程中,他发现了比较语法的原理。

二、理论语言学

语言学有研究某种具体语言的,如汉语语言学、英语语言学等,也有侧重理论探讨的,即理论语言学,理论语言学同语言学的其他分支学科一样,是一门十分严谨的科学。理论语言学一般注重考察人类语言的共同规律和普遍特征,而不是研究某一门具体语言。这是它与现代汉语、古代汉语和现代英语等具体语言课程或学科的重要区别。它研究的是从具体的语言现象中总结、归纳出普遍的、系统的理论和规律,并用这个理论指导各个具体语言的学习研究。其内容包括语言的本质、构成、意义以及使用方法。分支主要包括语音学和音系学、词汇学、句法学和语义学。语言学理论可以有效地帮助我们正确、科学、全面地认识语言。语音学研究语音的物理属性、人类发音的方法、语言感知的生理过程,主要包括语音的发音机制,元音、辅音、语言的韵律特征等;音系学则研究一种语言有多少个不同的音,这些音彼此之间的区别和关系,主要包括音位和语音的区分特征;词汇学研究词的构成及变化规律;句法学研究句子的结构;语义学则研究词的意义以及同义、反义、上下义等语义关系。这些学科的研究成果都可以直接地应用于英语教学的实践中。

三、社会语言学

社会语言学是 20 世纪 60 年代在美国首先兴起的一门边缘科学,它主要是指运用语言学和社会学等学科的理论和方法,从不同的社会科学的角度去研究语言的社会本质和差异的一门学科。社会语言学主要研究社会的各层面(包含文化准则、社会规范或对话情境)对语言运用的影响以及语言对社会的影响,侧重于社会对语言的影响,因而与侧重于语言对社会的影响的语言社会学不同。

社会语言学的研究内容与语用学非常相似。从传统来说,社会语言学与语言人类学非常相近。具体来说,社会语言学研究不同社会群体(如不同族群、宗教、社会阶层、性别、教育程度、年龄等)所使用的语言的不同,以及这些社会属性是如何被创造出来并用于区分一个人在社会阶层中的地位的。美国社会语言学家海姆斯提出,社会语言学的重要研究目标有三项:①既有社会目标又有语言目标;②社会现实的语言学;③社会构成的语言学。它旨在探究语言在使用中的范围广泛的理论。海姆斯特别强调社会语言学的目标应该具有广泛性、跨学科性和多学科性。

四、应用语言学

19 世纪初,语言理论方面的研究和应用方面的研究开始分化。19 世纪末,J. N. 博杜恩·德库尔德内提出了应用语言学这一概念,但没有得到广泛的注意。20 世纪以后,语言科学得到了进一步发展,应用范围空前扩大,语言应用方面的研究和理论方面的研究明确地区分开来,应用语言学这个名词开始广泛运用,并促成了应用语言学和理论语言学的分化。应用语言学是研究语言在各个领域中实际应用的语言学分支。它着重解决现实中的实际问题,一般不接触语言的历史状态,也不介入一般理论上的争辩。可以说,它是鉴定各种理论的实验场。应用语言学研究的框架是以语言规划、语言教学和语言信息处理为三大支柱而建立的,通过这三大支柱向其他学科蔓延。这个框架条理清晰地整合了应用语言学的学科性质及其特有的研究范围。应用语言学自身的特点,决定了其具有独立性、综合性、应用性和实验性四个显著的特点。既然叫作"应用语言学",那么就更应关注"应用"的角度,更加重视应用语言学与其他学科的交叉点,以此为基础,分析应用语言学的种种现象和问题,从中发现规律和方法,建立科学的应用语言学体系。此外,对应用语言学的研究不应该是一种静止的状态,而应该将其放在动态的语言应用中,通过对语言应用过程的研究,来完成对应用语言学性质的研究。

五、行为主义心理学

行为主义心理学是 20 世纪 50 年代在美国兴起的一种心理学思潮,是美国现代心理学的主要流派之一，也是对西方心理学影响最大的流派，其创始人是美国的心理学家华生。行为主义心理学主张以客观的方法研究人类的行为，从而预测和控制有机体的行为。它分为古典行为主义学派和新行为主义学派，代表人物分别是华生和斯金纳等。

行为主义的研究方法比较丰富，主要包括观察法、条件反射法、言语报告法、测验法和社会实验法。观察法包括自然观察和借助仪器观察。条件反射法是把生理学中的条件反射法引入心理学中对行为进行试验研究的方法，是行为主义心理学中最重要的研究方法。言语报告法，即由被试者报告其体内的变化，又称口头报告法。行为主义的测验法是测验被试者对刺激情境所作出的反应，这种方法可以应用到有语言缺陷的人身上。行为主义的社会实验法在某种程度上可以说是行为主义原理在社会问题研究中的应用，可以考察社会情境和社会变化之间的关系。其中，斯金纳的操作条件反射理论很有影响。比如，幼儿园的学生入园第一周，可能会有许多反应，如和其他学生交谈、注意教师、在屋子里走动、打扰其他学生等。随着教师强化某些反应——如对注意教师的学生微笑，某反应将会出现得更为频繁。而几乎人类的各种情境中，学习都可看作是操作。要改变行为，只要奖励我们所需要改变的行为，在预期的行为出现后立即强化，再出现，再强化。这样，我们所希望的这种行为再发生的概率就上升了。对人类的发展也可使用这个原则。

六、人本主义心理学

人本主义心理学是20世纪五六十年代兴起于美国的一种心理学思潮，是继行为主义和精神分析后出现的第三大势力。人本主义心理学的主要代表人物是马斯洛和罗杰斯。其学习观与教学观深刻地影响了世界范围内的教育改革，是与程序教学运动、学科结构运动齐名的20世纪三大教学运动之一。人本主义心理学研究的主题是人的本性及其与社会生活的关系。它强调人的尊严和价值，反对心理学中出现的人性兽化和机械化的倾向，主张心理学要研究对个人和社会进步富有意义的问题；在方法论上，它反对以动物实验结果推论人的行为，主张对人格发展进行整体分析和个案研究。无论是马斯洛的自然人性说和自我实现的需要层次理论，还是罗杰斯基于尊重、真诚、悦纳的"完人"教育观，都从人性的角度启示我们重新审视儿童的本性与潜能、需要与自我实现,以及早期教育活动的开展等问题。

其中,马斯洛的思想以人性本善为前提。它强调教育的功能,教育的目的——人的目的,人本主义的目的,归根结底就是人的自我实现,是人所能达到的最高度的发展,即帮助人达到他能够达到的最佳状态。在马斯洛看来,人具有一种与生俱来的潜能,发挥人的潜能,超越自我是人的最基本要求。环境具有促使潜能得以实现的作用。然而,并非所有的环境条件都有助于潜能的实现,只有在一种和睦的气氛下,在一种真诚、信任和理解的关系中,潜能才能像得到了充足阳光和水分的植物一样蓬勃而出。为了使儿童健康成长,应当充分信任他们和信赖成长的自然过程,即不过多干扰,不揠苗助长或强迫其完成预期设计,不以专制的方式,而是以道家的方式让他们自然成长和帮助他们成长。

七、建构主义理论

建构主义是一种关于知识和学习的理论,强调学习者的主动性,认为学习是学习者基于原有的知识经验生成意义、建构理解的过程,而这一过程常常是在社会文化互动中完成的。建构主义理论的主要代表人物有皮亚杰、科恩伯格、斯滕伯格、卡茨、维果斯基。建构主义提倡在教师指导下的、以学习者为中心的学习,也就是说,既强调学习者的认知主体作用,又不忽视教师的指导作用,教师是意义建构的帮助者、促进者,而不是知识的传授者与灌输者。学生是信息加工的主体、是意义的主动建构者,而不是外部刺激的被动接受者和被灌输的对象。20世纪80年代,建构主义以理论研究为主,缺乏实践可操作性。20世纪90年代以后,迅速发展的多媒体和网络技术为建构主义理论学习环境提供了技术支持,使得建构主义学习理论教学设计思想得以实现。

建构主义理论的内容很丰富,但其核心只用一句话就可以概括:以学生为中心,强调学生对知识的主动探索、主动发现和对所学知识意义的主动建构(而不是像传统教学那样,只是把知识从教师头脑中传送到学生的笔记本上)。以学生为中心,强调的是"学";以教师为中心,强调的是"教"。这正是两种教育思想、教学观念最根本的分歧点,由此而发展出两种对立的学习理论、教学理论和教学设计理论。由于建构主义所要求的学习环境得到了当代最新信息技术成果的强有力支持,这就使建构主义理论日益与广大教师的教学实践普遍地结合起来,从而成为国内外学校深化教学改革的指导思想。

第二节　英语教学改革的必要性

我国的英语教学虽然取得了不少成绩,但是近年来,社会对于英语人才需求不断增加,对英语人才提出了更高的要求。除此之外,英语教学的一些弊端不断凸显。为应对社会发展的需求,英语教学改革势在必行。

一、英语教学存在的弊端

(一)教学模式陈旧

郑树棠等指出,当前的英语教学依然以传授基础知识为主,而课堂中甚少涉及交际活动。经调查表明,英语教学中存在以下几个问题。

(1)传统的学习文化根深蒂固,教学观念及思想十分陈旧。

(2)实际教学与教学目的背道而驰。

(3)教材以及教学内容等不符合社会发展与实际运用的需求。

(4)教学方法单一、陈旧。

(5)学习方法机械、被动。

教学中一直以教师为中心的传统英语教学模式为主导,衡量教学效果的重要标准是教师备课是否认真、讲课内容是否丰富、讲课是否有条理等。害怕学生听不懂,教师就反复举例说明,讲解语法和词语等,为了让学生更加明白,有些教师甚至翻译课文,而不给学生留下思考和内化的时间。为了捕捉更多课堂信息,学生只是一味地记笔记,被动地跟着教师的思路走,没有参与语言实践的机会,进而使得课堂氛围枯燥、单调,学生也只会用 yes 和 no 来回答问题。

可以看出,陈旧、传统的英语教学模式不但约束了学生的自由,限制了学生潜力的发挥,还阻碍了学生英语能力的提高,甚至阻碍了英语教学目标的顺利实现。

(二)忽视学生的主体地位

综上所述,英语传统教学多是沿用以教师为主体的原则,甚少关注学生的主体地位,也很少为学生提供自主学习的空间,从而使学生成为知识的消极接受者。实际上,英语学习的首要任务是"学"而不是"教"。科德曾说过:"有效的语言教学不应违背自然过程,而应适应自然过程;不应阻碍学习,而应有助于学习并促进学习;不能令学生去适应教师和教材,而应让教师和教材去适应学生。"这个"自然过程"就是让学生成为英语语言知识主动积极的接受者。

不同于其他学科,英语是一门实践性很强的课程,语言技能是需要学生自己不断实践才能获得和提高的,它的教学效果是以学生的学习效果为依据的,而学习效果在很大程度上取决于学生的主观能动性和参与性。因此,英语教学必须以学生为中心,充分尊重学生的主体地位。但这并不表明就要抹杀教师的作用,教师只是要从台前转到幕后,扮演好组织者、管理者、鼓励者、合作者和解惑者的角色。

(三)应试教育倾向明显

英语传统教学模式主要是为了应对考试,属于典型的应试教育。而英语教育与素质教育的一个重要差别就是两者的"考试观"不同。考试本身具有两种功能:一种是评价功能;另一种是选拔功能。毫无疑问,在应试教育的影响下,考试的选拔功能是人们所看重的。在大学英语教学中,这一点集中体现在大学英语四、六级考试中,四、六级考试成了大学英语教学的指挥棒,人们用英语四、六级的通过率来判断学生的学习以及教师的教学水平,这使大学英语四、六级考试的应试性特点更加明显。语言学习要多听、多说、多读、多写,尤其要多背。语法知识的学习固然重要,但对于外语学习而言,"语感"更加重要,语言的培养离不开背诵。而做选择题是英语四、六级考试的标准化测试方式,因此学生就将大量时间花在做模拟题上,较少参与课堂讨论和交流,过度依赖教师的讲解,自主思考能力欠缺,交际能力较差。

(四)大学与中小学英语教学脱节

在现代英语教学中,与中小学英语教学脱节成了导致大学英语教学费时低效的因素之一。现在很多城市和发达地区在小学就开设了英语课程,即使在落后的农村地区,在初中一年级也开始学习英语。当这些学生进入大学时,他们已经学习了多年英语,具备了一定的基础知识和英语能力,大学阶段应是他们应用英语和提高英语的阶段,也就是说,他们有大量的语法知识和词汇基础做后盾。

大学英语教学应将大部分时间用于学生运用语言能力的培养上,不需再把大量的时间花费在基础语言知识的讲解和练习上,但事实却并非如此。目前,很多大学英语教学大纲的制订与中学英语教学大纲的制订缺乏系统性,各阶段教学目的、要求脱节,进而导致教学内容重复,且分配极不合理。

二、英语教学的最新要求

(一)追求全人发展

在英语教学中,以人为本是每个教师的教学理念,教师教学的目的就是要充分发挥学生的主体作用,教会学生自主学习的方法,使学生能够实现终身学习。在知识经济飞速发展的今天,学生需要学习的内容与日俱增,仅在学校中学习是远远不够的,想要在复杂且竞争激烈的社会立足,学生必须具有不断学习、终身学习的能力,学生要利用有限的知识创意性地解决生活中遇到的各种问题。英语教学首先的定位就是人的教育,在教学过中,教师应努力培养学生的学习兴趣,帮助学生获得有效的学习策略并养成良好的学习习惯。

全人发展不仅强调学生的知识教育,还更加重视学生精神世界的建设。学生的社会责任感、严谨的学习态度等都会对其学习产生重要影响。全人发展强调尊重学生的个性,每一个学生都蕴藏着丰富的个人潜能,英语教师应该与学生多沟通,从学生独特的视角中得到改善英语教学的启发。和谐的课堂气氛是全人发展所必需的,因此教师与学生之间应该是一种平等关系,教师要多为学生创造英语学习的机会,使他们在学习中品尝到成功的乐趣。

(二)采用科学的评价方式

传统的英语教学多采用单一的评价方式对学生的学习情况进行评价,其中笔试的形式最为普遍,而且这些评价的结果多侧重于选拔,在评价中试图将学生分为三、六、九等,这种评价方式使学生深受其害。因此,在进行英语教学改革中必须对评价方式进行改革。首先英语教学评价的目的不是对学生进行分类,而是对教师的教学效果进行监测,对学生的学习效果有所了解,以便教师在今后的教学中不断改善教学方法,提高教学效率。因此,英语教学评价的实施应遵循以下几个原则。

1. 多元化原则

英语教学中,评价体系的改变必须实现多元化,只有多元化的教学体系才能达到应有的效果。评价的多元化包括目标多元化、评价主体多元化、评价工具多元化等。其中最主要的是评价主体的多元化。传统的英语教学中,评价的主体一般为教师,而评价的对象为学生,在教学活动中,评价主体应更加多元化,即教师、学生、家长都应该参与到教学评价中。教学管理者以及家长等的评价对教师教学的进步和提高具有重要作用。教师可以通过评价了解自己的不足以及家长、教育管理者对于教学的建议,从而改善英语教学方式。

2. 激励原则

评价的目的是促进学生的全面发展,但是由于错误的教学观念引导,使得人们将评价等同于考试。家长、教师甚至整个社会都通过分数来对学生进行评判,使学生卷入了无情的分数竞争中。这就导致学生无法从分数中看到自己的进步与不足,感受到的是更多的压力。评价的目的不是打击学生的积极性,而是激励学生,发现每个学生身上的优点和特长,并针对学生的特长为其提供更广阔的发展平台。

3. 情感体验原则

语言是情感表达的工具,英语教学也是一种情感教学。因此,教师在进行英语教学评价时应多注意学生的情感体验,对学生的评价不应只停留在其知识掌握的多少上,还应看学生是否具有用英语进行情感表达的能力。与此同时,教师在进行评价时也应抱有积极的情感,重点关注学生的进步,鼓励学生进步,使学生用积极的态度对待评价,从评价的结果中不断获益。

(三)提高学生的认知能力

英语教学不仅要培养学生的知识和技能,还应该培养学生的认知能力。学生认知能力的提高需要采用合理的教学方法。

想要提高学生的认知能力必须以话语为中心展开教学,话语由词汇组成且其应用于不同的语境中,以话语为中心展开教学体现了语言的完整性。语言与思维模式都会在话语使用中得到体现,这样的教学模式更有利于学生将语言形式与思想内容结合起来,进而锻炼学生的智力。除此之外,教师在教授学生语言的同时,还应教授其文化与思想,语言教学应与"达理""明志"相结合。学习语言的人应该具有跨文化的领悟力,在习得语言的同时了解文化与相应的思维方式,这些都在无形中增强了学生的认识能力。

总而言之,英语教学中存在的种种弊端以及英语教学的最新要求都反映了英语教学改革的必要性,也加快了英语教学改革的步伐。

第三节　英语教学改革的发展历程及发展方向

英语教学从教学观念、教学内容、教学方法、教学手段到考试形式无时无刻不在进行着深刻的变革。

一、英语教学改革

改革开放以来,我国的英语教学经历了恢复、发展和提高三个阶段,逐步形成了自己的教学体系,为我国的现代化建设和社会发展培养了大量的既懂专业,又具有一定英语水平的人才。随着对外开放的不断深入,尤其是我国已正式加入 WTO,社会对懂英语,特别是具有较强英语交流能力的人才需求更加迫切,进一步提高高校英语教学质量的呼声日益高涨,深化英语教学改革刻不容缓。20世纪 80 年代中后期到 90 年代早中期,大量经过正规语言技能训练的英语专业本科毕业生和研究生加入英语教师队伍,英语教学出现了空前的喜人局面。也正是这个时候,形势的发展开始对高校毕业生有了更高的要求,高等院校发展的差异日趋明显。英语教学理念从以教师为主转向以学生为主,"一刀切"的教学管理转向个性化教学,多媒体教学和网络教学技术也被提到日程上来。但是,我们的英语教学没有跟上这个形势,没有强调各院校的差别,没有强调听、说、读、写、译综合运用能力的培养,仍然以阅读为主,用一把尺衡量全国的英语教学水平。不少院校把考试通过率当成教师教学业绩的重要组成部分,造成了空前的大面积应试教学现象,制造出大批高分低能的聋子英语和哑巴英语学生。而教育不是为某些人的利益服务的,而是为社会服务的。随着国内外形势的日益变化,社会发展对英语学习的要求越来越高,全球经济一体化、我国加入 WTO、国际交流活动越来越频繁,使得英语成为像汽车驾照一样的日常工具。但根据调查发现,用人单位对毕业生的英语综合运用能力普遍感到不满意,对口语及写作能力更为不满。

(一)课程设置

各高等学校应根据实际情况,按照英语教学目标设计各自的英语课程体系,将综合英语类、语言技能类、语言应用类、语言文化类和专业英语类等必修课程和选修课程有机结合,确保不同层次的学生在英语应用能力方面得到充分的训练和提高。英语课程的设计应充分考虑听说能力的培养要求,并给予足够的学时和学分。应大量使用先进的信息技术,开发和建设各种基于计算机和网络的课程,为学生提供良好的语言学习环境和条件。

英语课程不仅是一门语言基础课程,也是拓宽知识、了解世界文化的素质教育课程,兼有工具性和人文性。因此,教师设计英语课程时应当重新考虑对学生的文化素质培养和国际文化知识的传授。

无论是主要基于计算机的课程,还是主要基于课堂教学的课程,其设置都要充分体现个性化,考虑不同起点的学生,既要照顾起点低的学生,又要为基础好的学生创造发展的空间,既能帮助学生打下扎实的语言基础,又能培养他们较强的实际应用能力尤其是听说能力,既要保证学生在整个学习期间的英语语言水平稳步提高,又要有利于学生个性化的学习,以满足他们各自不同专业的发展需要。

(二)教学内容的改革

英语教学改革中教学内容的改革一直是比较棘手的问题。繁重的课时负担使得英语教师在工作中没有精力对教学任务重、教学内容多、教学班级大等实际问题进行探究,教师在教学内容的安排上往往都是凭借自己的经验。除此之外,英语教学课堂多采用大班教学。由于班级规模比较大,学生的英语知识水平自然存在较大差异,教师的教学无法达到预期效果。这些问题的出现都使教师开始反思,英语应该教什么? 所以,对英语教学内容进行改革迫在眉睫。

英语教学改革是为了提高学生的实际语言运用能力。而语言的使用包括语言输入和语言输出,英语中的语言输入包括听和读,而语言输出则包括说和写。英语语言输入和语言输出构成了英语语言体系。

英语教学改革主要是为学生建立一套完整的个性化的英语语言体系。每个人都具有自己独特的语言体系,人们的日常交际是在大的语言环境下用自己的个性化语言进行交流。英语语言体系包括词汇、语音、语法、文化与语境,英语教学包含英语语言体系中的各个部分。这些语言体系中的各要素相互作用,最终形成学生个性化的语言体系。

(三)教学模式

各高等学院应充分利用现代信息技术,采用基于计算机和课堂的英语教学模式,改进以教师讲授为主的单一教学模式。新的教学模式应以现代信息技术,特别是以网络技术为支撑,使英语的教与学可以在一定程度上不受时间和地点的限制,朝着个性化和自主学习的方向发展。新的教学模式应体现英语教学实用性、知识性和趣味性相结合的原则,有利于调动教师和学生的积极性,尤其要体现学生在教学过程中的主体地位和教师在教学过程中的主导作用。在充分利用现代信息技术的同时,还要合理继承传统教学模式中的优秀部分,发挥传统课堂教学的优势。

(四)教学方法的改革

英语教学方法很多,其中语法翻译法、直接法、听说法、交际法比较常见,这些教学法形成于不同的时期,同时各有利弊。

近几年,一些新的教学方法从国外引入我国,这些新的教学方法为教师的教学提供了更好的参考,然而很多教师面对众多的教学方法却无法正确选择。教学方法的改革是为了更好地教学,在众多教学方法中不应盲目地选择,无论什么样的教学方法都必须从教学实际出发,可以选择各教学方法中适合自己的那部分内容并将其运用到自己的教学中,久而久之,形成一种有自身特色的教学方法。在英语教学中,教师可逐渐将以下方法渗透到自己的教学实践中,以便改善教学效果,提高教学质量。

1. 巧妙提问

课堂提问是英语教学的重要环节,在英语教学中,掌握良好的英语提问技巧可以有效地活跃课堂气氛。巧妙的提问需要注意以下几个方面。

(1)启发学生思考。作为教学活动的主要参与者,教师必须对教学过程中可能出现的问题有所预测,在安排教学活动的各个步骤时做好应对随时出现问题的准备。教师应利用启发式的教学,设计一些真实的语言情境以激发学生的求知欲,使学生在具体的情境中对问题进行思考。发挥主观能动性,积极解决问题,培养学生思考问题和解决问题的能力。

(2)因材施教。所谓因材施教,指的是教师对学生的学习情况要有充分了解,只有了解学生才能在课堂提问过程中更加具有针对性。对于比较难回答的问题,教师可以找一些英语比较好的学生来回答,而对于相对比较简单的问题,教师应该将机会留给那些学习一般的学生,这些学生在平时很难有机会表达自己的观点,教师的提问会为这些学生带来自信心和勇气,促使其更加努力地学习英语。教师要对班级中所有学生一视同仁,不能偏袒学习比较好的学生,也不可以冷落成绩不理想的学生。

2. 组织英语游戏

兴趣在学习中起着很重要的作用,它是学生学习的原动力。因此,教师想要使学生集中精力就必须从学生的兴趣出发,在教学方法的使用上以学生的兴趣为出发点;英语教学中教师可以使用直观教具、组织英语游戏、英语竞赛等活动激发学生的兴趣来缓解课堂教学中紧张的气氛。

组织英语游戏和英语竞赛可以给学生一种自由感,教师可以将学生分为若干小组,不同小组之间开展竞争,此时学生的集体荣誉感会被激发出来,也会促使他们进行积极思维。

(五)教学手段的改革

随着现代社会科学技术的发展,英语教学手段已经不单单是课堂而已,各种现代化的教学手段层出不穷。教学手段的改革得益于计算机技术的发展。下面,笔者就以计算机技术发展为基础对英语教学手段的改变进行探讨。

从计算机的出现到其应用于英语教学中,经历了漫长的发展与完善过程。计算机技术的发展经历了以下三个阶段。

1. 人工智能技术阶段

人工智能技术使计算机可以模拟人的思维,这就意味着计算机可以在教学活动中扮演人的角色。该功能使计算机教学系统实现了人性化与自然化,在教学活动中,计算机可以与人进行人机互动。

2. 数字技术阶段

数字化技术阶段使计算机的系统变得更加简单,性能更加完善。数字化技术最重要的意义在于其增大了计算机的存储量,加快了信息传输的速度。数字化技术的发展使外语教学环境更加情境化、全球化和个性化。数字化技术使得传统的以书本和黑板为媒介的信息传递变为更具形象化的声音和影像。

3. 信息与网络技术阶段

信息与网络技术使得现代的信息网络实现了"天网"与"地网"的合一与互补，其中的"天网"指的是卫星通信技术等，而"地网"则指的是互联网等网络。信息与网络使学生接触的信息增多，扩大了学生的信息源，超越了时空的限制，同时又为互动和合作学习提供了可能。

计算机技术的发展为英语教学手段的改革提供了有力保证，特别是计算机网络和多媒体技术在英语教学中的应用，更是加快了英语教学手段的更新与变革。

(1)网络教学手段。随着计算机的不断发展，国际互联网已经成为人们交际的主要手段，互联网不仅为人们的生活带来了便利，同时也丰富了英语教学手段。网络的出现改变了现代英语学习的手段，英语学习也变得更加自主。现代化的网络使英语教学更加国际化、公平化和透明化，很多名校的公共课程在网络上公布后，学生足不出户就可以看到知名教师的教学视频。总体来讲，网络英语教学主要具有多样性、交互实时性、共享性等特点。

根据网络技术的特点，其在教学中的应用可以大大改善英语教学效果。下面，笔者对其在英语教学应用中的优势进行分析。

第一，有利于学生听说能力的提高。网络教学有灵活和开放的特点，而且不受时间和空间的限制，任何人在任何时间和地点都可以通过网络进行学习。并且，网络集图像、文本、音频和视频于一体，能为学生提供丰富的语言输入材料、形象的视听刺激和真实的场景，使学生汲取大量在传统课堂上接触不到的真实、地道的信息。此外，通过网络，学生还可以与其他英语爱好者进行在线交流，进而有效提高英语能力。

在英语教学中运用网络技术要比在其他学科中运用网络技术具有更多优势，它可以为发展学生的个性提供更多空间，还可以最大限度地提高英语教学的广度和深度。英语学习的关键在于交际，而汉语环境下的英语学习缺乏相应的语言环境，所以学生的语言输入和练习机会都十分有限，而仅依靠课堂学习是无法满足学生的语言发展需求的，此外，教师的英语水平和教学内容也限制着学生交流能力的发展。然而,网络教学的实施不仅可以为学生提供真实的语言交际环境,学生可以在网络环境中进行具体的沟通实践。网络环境为学生提供了不同的语境,学生可以在不同的语境中利用语言交流达到某种目的或者完成某种任务,以得到相应的奖励。网络环境中的这种活动只存在于学生和计算机之间,因此,学生对于害怕自己的发音不标准等问题的焦虑感比较低,这更有利于其正常水平的发挥,学生在完成任务的同时还能锻炼听说能力。

第二,有利于学生自主学习。传统的英语教学多以教师的讲解为主,学生只是处于被动地接收信息的地位,很少有参与课堂教学的机会,课堂的大部分时间都是教师在锻炼自己的语言技能,而不是培养学生的语言技能,这种教学模式不仅不能发展学生的语言能力,还会削弱学生学习的积极性。但是,如果将学习的主动权完全交给学生,任由学生自己查找资源进行学习也是不现实的,而且费时费力,甚至使学生迷失学习的方向。学生是认知的主体,是知识意义的主动建构者。通过网络教学,学生不仅可以借助电脑自己组织学习活动,还可以打破时空限制在任何时间和任何地点学习任何课程,并根据自己的学习情况以及教师的指导安排学习,真正实现自主学习。这样,教师就不再是唯一的知识传授者,而且在教师指导下,学生也不至于失去学习的方向,还能实现个性化学习。

第三,提供了丰富的学习资源和良好的沟通平台。网络资源丰富、信息量大,教师通过网络可以找到任何想要的信息和资源,而且网络信息更新速度快,生动有趣,引用到课堂中可有效激发学生学习的兴趣。具体来讲,教师可通过网络来呈现图片资料、播放电视和录像片段等资源,然后根据具体的教学目标和内容来设计问题,让学生积极思考。网络中无限的资源给了英语程度不同的学生自主选择的机会,也使他们可以根据实际情况来构建适合自己的学习体系。

此外,网络教学还给教师和学生的交流开辟了新的平台。例如,学生可以通过论坛给教师和同学留言、提问题、提供解决方案等,教师可以通过通知板给学生提出学习目标、留作业等;教师和学生还可以通过电子邮件等方式进行交流和讨论,这种快捷的方式不但可以增加师生之间的交流频率,还会增进师生之间的感情。

(2)多媒体教学手段。在传统的英语教学中,教师缺乏必要的教学辅助手段。教师在课堂上往往只是讲解知识点和练习,而学生无法真正地参与到课堂中。课堂是大英语教学的第一环境,想要使学生真正地参与到课堂当中,教师就需要完善课堂教学手段,多媒体课件就是很好的辅助教学手段。计算机多媒体技术是指人通过键盘、鼠标、声音甚至动作等向计算机发出指令,计算机通过屏幕的图像、文字、声音及影像与人对话。在英语教学中使用多媒体辅助教学,改变了教师"一言堂"的现象,学生的主体性地位也得到了保障,学生进行语言操练的机会增多,自主学习的意识逐渐增强。多媒体课件辅助教学使学生不再忙于记笔记,而开始对语言教学材料进行练习和实践。学生通过在相关情境中的交互式语言练习,实现语言知识的个性化建构。

(六)教学管理

1. 从"阅读为主"到"听、说为主"

重视阅读是我国英语教学的重要特色,也充分体现在英语教学大纲和教学目标中。从第一份英语教学大纲把阅读当成唯一的教学目标开始,到之后英语教学目标中增加了"用英语交流信息"这一条,但没有明确提出培养学生的语言交际能力,这引起广大教师的质疑。

"英语的教学目的是培养学生英语综合应用能力,特别是听说能力,使他们在今后工作和社会交往中能用英语有效地进行口头和书面的信息交流,同时增强其自主学习能力、提高综合文化素养,以适应我国经济发展和国际交流的需要。"把教学目标重新确立为"英语综合应用能力,特别是听说能力",这是一个重大突破,即在强调听、说、读、写各种能力协调发展的同时,把听、说放在英语教学的重要位置。

2. 从"以教师为中心"到"以学生为中心"

传统的英语教学注重语言结构,认为语言是一套自治的语法系统,学会了语法规则,就学会了语言,获得了使用语言的能力,在此基础上所形成的是"以教师为中心"的教学原则。

随着语言教学理论的发展,尤其是随着交际语言教学法的兴起,"以学生为中心"教学原则的提出促进了英语教学的发展,提高了学生学习的主动性、积极性,在很大程度上弥补了传统教学法的不足。在目前的"以学生为中心"的教学中,强调学生的自主性、自发性,但不意味着教师作用的削弱,也绝不意味着教师的任务会变轻松。教师的任务是发现学生本能的冲动,引导这种本能的展开。

杜威形容从过去以教师为中心到以学生为中心的转变,是教育领域的哥白尼式的革命。教师无疑要参与到教学活动中,并与学生合作完成整个教学活动,当然在活动开展的同时要给予学生指导,最后对学习活动的开展情况和学习效果做出评估,促进教学的良好运行。从广义上讲,教师类似一种"学生顾问"的角色,要帮助学生做好学习准备,分析学生的需求,充分了解学习的相关内容等,相比于传统的教学,教师要做的工作更多,难度更大。

3. 以学科为依托的英语教学模式

在全球多元化的今天,国际交流与合作日益增加,各行各业对复合型英语人才的需求越来越大,因此,企业对学生的与专业有关的专门用途英语水平的要求越来越高。复合型英语人才的培养引起了人们的重视。据报道,CBI 教学也促进了波多黎各和泰国的学生第二外语水平提高。近年来,我国也对 CBI 教学进行了积极尝试,如袁平华、潘孝泉等人都指出了 CBI 教学的优越性和可行性,然而 CBI 教学在我国仍处于起步阶段。复合型人才的培养必须根据各个学校实际情况、按照各校培养目标因地制宜地进行全面规划,单靠英语系的努力是难以实现比较全面的办学模式的。比如,一些院校曾经试图利用英语教师开设一些英语教师很难承担的专业课程,效果很不理想,忘记了"英语为本"的原则,致使学生既没学好英语,也没学好专业知识。同时复合型人才的培养是系统工程,不是增设一两门课就可以奏效的。它必须有良好的、能帮助学生具备复合型知识结构的学习环境和氛围。因此,开展以学生为主体的第二课堂教学活动也是十分必要的。

以学科内容为依托的英语教学突破了传统的教学模式,由单纯的语言教学转向语言和具体学科相结合的教学模式,最终实现以专业英语来推动和促进英语教学水平和质量的提高,培养学生具有更强的社会和学术的适应能力,成为应用型、复合型人才。但这种教学模式在实施过程中可能会出现师资、学生水平、教材、配套制度和措施、语言环境等问题,所以还有很长的路要走,我们应合理运用通过学科学习带动语言学习的有效教学模式,充分发挥其教学优势,不断地开展研究和实践,努力摸索出一套有中国特色的英语教学理念。

4. 多媒体网络教学

随着现代信息技术的发展,信息技术在教学活动中的地位和作用日益凸显。

自 20 世纪 90 年代以来,多媒体计算机和基于互联网的网络通信技术为英语教学带来了一系列重要的变化,信息技术与课程教学的整合已经成为教育信息化与教学改革的一个核心问题。教育部明确提出"各高等学校应充分利用多媒体和网络技术,采用新的教学模式改进原来以教师讲授为主的'单一的课堂教学模式'"。教育部在英语课程教学要求中对英语教学改革从教学要求、课程设置、教学模式、教学评估、教学管理等方面都提出了明确要求:"各高等学校应根据本校的条件和学生的英语水平,探索建立网络环境下的听说教学模式,直接在局域网或校园网上进行听说教学和训练。""新的教学模式应以现代信息技术,特别是网络技术为支撑,使英语的教与学可以在一定程度上不受时间和地点的限制,朝着个性化和自主学习的方向发展。"为实施新教学模式而研制的网上教学系统应涵盖教学、学习、反馈、管理的完整过程,包括学生学习和自评、教师授课、教师在线辅导、对学生学习和教师辅导的监控管理等模块,能随时记录、了解、检测学生的学习情况以及教师的教学与辅导情况,体现交互性和多媒体性,易于操作。

5. 评估体系

好的教学大纲要有好的评估体系来保证它的顺利实施。这种交际型的、以学生为中心的教学模式和培养综合应用能力的目标,要求其评估体系也是交际型的、考查语言运用能力的。目前,英语测试纯客观题失宠就是因为客观测试过于强调形式的识别,较少考查语言的运用。现在很多新型语言测试可以在计算机网上实现,而评估是开放性、形成性和多维型的。比如,允许学生多次考试,让他们看到自己的进步和成功,尊重个人的学习速度、学习阶段和自我感受,让他们以完成学习任务为目标,而不是为应付考试而学习。因此,为了更好地促进英语教育政策良性发展,需要有意识地加强英语教育政策评估,整体构建英语教育政策评估体系。我们要在思想上认识英语教育政策评估的重要意义和价值。中国是英语教育大国,目前,英语课程从小学开设至博士学习阶段。英语教育对中国的现代化建设功不可没。然而,社会上对中国英语的批评之声亦是此起彼伏,如"哑巴英语""一壶烧不开的水""费时低效"等。改革开放以来,中国的中小学英语教育都取得了巨大的进步,关于中小学英语教育的政策、文件和大纲出台不少,但到目前为止,还没有哪一家评估或研究机构对某一政策实施情况进行评估,这就为一些人否定英语教学提供了借口。为了公正地评价英语教学,我们要在思想上高度重视英语教育政策的评估。

二、英语听力教学改革与对策

"听"作为人类言语交际方式之一，在信息剧增、国际交往日益频繁的今天具有更重要的意义，因此，如何提高听力水平始终为人们所关注。为了适应我国社会发展和国际交流的需要，教育部明确提出英语听力教学的基本思路，即将原来的以阅读理解为主转变为以听说为主，全面提高综合能力上来；将单纯依靠课本、粉笔、黑板、老师讲、学生听的教学模式转变为计算机（网络）、教学软件、课堂教学"三位一体"、综合运用的个性化、主动式学习模式。

近年来，以不同教学理论为依据的各种教学法百家争鸣，如建构主义理论、输入输出理论、互动认知理论等，为英语教学改革提供了充分的理论指导，并卓有成效。在这里笔者就具体的改革方式提出几点建议。

（一）教学手段的改革

英语听力教学与电子技术的发展是息息相关的。从最初有声资料和录音机的出现到现在电视、录像设备的普及，都对英语听力教学产生了深远影响。今天，电子计算机技术的发展、进步和完善普及，带动了各学科的教学改革，而英语听力教学一直沿袭数十年不变的传统教学模式，随着多媒体语言实验室的出现和普及，听力教学改革迫在眉睫。

多媒体语言教学系统可以使我们彻底摆脱传统听力教学中教师放磁带，学生听录音的模式。在传统听力教学中，更多要求学生集中注意力听而忽视了其他感官的参与，尤其眼神交流的极度缺乏，造成学生注意力难于集中，往往有开小差的现象。多媒体可以使学生多感官参与听力学习中，多感官接受刺激，同时，又有不同媒体的相互转换，这些都有助于延长学生注意力的集中时间。在一个多媒体英语听力课上，教师可以不给学生分配同样的听力任务，学生可以根据各自需要，选择适合自己的听力或音像材料，这不仅有助于发挥学生的主观能动性，而且实现了听力教学中的因材施教的效果。

（二）教学内容的改革

英语听力理解训练内容广泛，涉及交流中的方方面面，但由于教学时数的限制，教材内容的选取必然具有典型性和针对性。除了教学大纲上规定的英语听力教程的学习外,教师还应适应日新月异的科技发展,努力提高教学水平,大量收集听力方面的资料,如英语新闻、英语故事、英语电影对白等,汲取精华,不断充实更新教学内容。在传统听力教学中,多数学校选用华东师范大学 1983 年版"Step by Step"《英语听力入门》或北京外国语大学"Listen to This"(《英语初级听力》《英语中级听力》《英语高级听力》1992 年版)。两套经典教材的确各有特色,但显然已不适合在多媒体语言实验室中使用。目前,音像市场流行的"American Album""Direct English"的确具有较强的互动性,学习者可以在其中扮演角色,亦可在学习中实际操作,容易引起他们的兴趣和吸引其注意力。但这些新教材似乎不太适合课堂教学,因此,教材是目前多媒体英语听力教学中亟待解决的问题。

另外,由于课堂训练内容有限,而听力学习又是日积月累的过程,教师还应鼓励学生在课后自觉收听收看英语节目,以激发学生对英语听力的学习兴趣,最终使学生听力理解水平上一个新台阶。传统的听力教学中,学生一般只能接触大量声音资料,即使有时有音像资料,选择性也比较小。学生接触的多媒体资料不足,最终造成了视与听的脱节,往往顾了听,就顾不上图像;或者看了图像,什么也没听懂,一个能听懂 VOA 录音资料的学生,有时甚至看不懂简单原声节目。运用多媒体进行听力教学,从一开始就可以选择一些简单易懂的视听节目(比如,中央台的 Outlook),以给学生足够的视听训练。具有一定基础的学生可以录播 CCTV-4 每晚七点 World Wild Watch 节目,同时可以利用刻录机将CNN、CNBC、woddnet 等外语电台节目刻录成光盘以便选用。

(三)考核方式的改革

英语听力教学改革的另一个方面是考核。考核的方法和内容都将产生变化。首先,真正实现了无纸化考试,在多媒体语言实验室里每个学生一个显示器,学生可以在显示器中看到书面试卷,再做出相应应答;其次,试题库的运用,运用主控台,可以给不同学生不同试卷内容,避免考试作弊现象的发生;最后,考核不再仅仅是做做选择和听写,必然会有一些"视"的内容,以此对学生英语听力能力进行综合、全面的测试。总之,随着多媒体语言实验室的普及应用,必须改革英语听力教学方法,同时发挥传统听力教学的经验,做好英语听力教学。

(四)建立完善评估系统

长久以来,由于英语授课方式和考试体制的影响,在以学生为主体的教学方式中,一味强调以学生为中心,任由学生去安排设计自己的学习方式和学习进度是不可行的。给学生制定目标,施加适当的压力,提出一定的要求并引导学生去完成它,更能使学生有所收获,因此,完善的评估系统是必不可少的,它既是教师获取教学反馈信息、改进教学管理、保证教学质量的重要依据,又是学生调整学习策略、改进学习方法、提高学习效率的有效手段。《大学英语课程教学要求》中明确将教学评估分为过程性评估和终结性评估两种。过程性评估包括学生自我评估,学生相互间的评估,教师对学生的评估,教务部门对学生的评估等。各校通过课堂活动和课外活动的记录、网上自学记录、学习档案记录、访谈和座谈等形式对学生学习过程进行观察、评估和监督,促进学生有效学习。过程性评估在实行以学生自主学习为特点的多媒体教学中尤为重要。终结性评估则是指期末课程考试和能力水平考试,作为一种定量测试手段,这种考试应以评价学生综合应用英语的能力为主,但是,这种考试不应以学生所获得的读写译考试成绩来代替或平衡听说成绩。对于目标要求的评估,无论采用何种形式,都要充分考核学生实际使用语言进行交际的能力,尤其是实用型口语和书面语的表达能力。

三、英语教学中的关系

英语教学是一项复杂的系统工程,其中涉及教师、学生、家长、管理者等各方面的人,英语教学的研究涉及语言学、应用语言学、心理语言学、教育学等多种学科的内容。这一系统工程中包含多种相互作用的组成部分和构成要素,它们之间相互影响、相互作用,具有密切的、错综复杂的关系,其中有些关系是基本的,渗透到英语教学的各个环节。如何认识与处理这些关系,涉及与语言教学相关学科的研究成果,需要我们对此做出正确的、全面的考查。

(一)英语与汉语之间的关系

汉语是中国人的母语,少年和儿童在开始学习英语时已经能够比较好地使用汉语进行交际,也就是说,他们已经掌握了一定量的汉语词汇和基本语法,具备了使用汉语进行听说和读写的能力。而英语是他们作为一门外语来学习的目标语。在谈到母语和目标语之间的关系时,人们经常谈的是"迁移"的问题。迁移本来是一个心理学术语,是指学习过程中学习者已有的知识或技能会对新知识或技能的获得产生影响。20 世纪 50 年代,语言教学研究吸纳了迁移理论,认为母语迁移会影响英语学习。在英语学习中,迁移是指"学习英语时学习者的第一语言对正在学习语言的影响"。迁移是英语学习者经常采用的一种学习策略,它指学习者利用已知的语言知识,去理解新的语言,这种现象在英语学习初级阶段经常出现,因为学习者对英语的语法规则还不熟悉,此时只有汉语可以依赖,汉语的内容就很容易被迁移到英语中。如果母语对目标语的学习产生正面的影响,这种现象被称为正迁移;反之,如果母语对于目标语的学习产生负面的影响,则被称为负迁移。在迁移现象的研究中,有三种主要理论,即对比分析假说、标记理论和认知理论。对比分析学派认为母语和目标语的差异会导致负迁移的发生。除了母语和目标语的异同之外,在考查语言的迁移问题时,还要考虑母语在什么阶段、什么条件下影响目标语的学习。有两个重要的非语言因素对母语知识何时会干扰第二语言习得的过程起着决定性作用:一是环境;二是学习阶段。从学习阶段来看,在初学阶段,学习者由于缺乏足够的目标语知识,在表达中往往更多地依赖母语,因此这一阶段有可能较多地出现母语知识的负迁移。中国学生在学习英语的过程中,语言迁移表现在语音、词汇和语法等各个层次。与汉语和英语的关系这一问题相关的还有语言的社会功能问题。一个民族的母语是其民族的特征之一,母语教学对于培养学生的爱国主义情感具有重要意义。如果因为英语学习而忽视了母语的学习,那会导致严重的后果。

(二)语言知识与语言技能之间的关系

语言知识是人们对某种语言的理性认识;语言能力是人们运用语言知识的实际能力,语言知识包括语音、词汇、语法、语篇等方面的具体知识,语言知识是综合英语运用能力的有机组成部分,是发展语言技能的重要基础。学生掌握一定的英语基础知识是英语教学的基本目标之一。语言是交际的工具,而语言首先是有声的,正是通过人的发音器官发出的声音,才能达到交际的目的。儿童学习母语,都是从掌握语言有声的方面开始,学习一门外语,同样应该从语音入手。在英语中,语音和语法、构词法、拼写都有关系。很好地掌握语音,不但有利于听说技能的获得,也有助于语法和词汇的学习。

语言技能是指运用语言的能力,包括听、说、读、写四个方面,其中说和写被称为产出性技能,而读和听被称为接受性技能。听是分辨和理解话语的能力,即听并理解口语语言的含义;说是应用口语表达思想,输出信息的能力;读是辨认和理解书面语言,即辨认文字符号并将文字符号转换为有意义的信息输入的能力;写是运用书面语表达思想,输出信息的能力。听、说、读、写是学习和运用语言必备的四项基本技能,是学生进行交际的重要形式,是他们形成综合语言运用能力,获取信息和处理信息的重要基础和手段。

语言知识和语言技能是语言能力的组成部分,是语言学习的目标。两者之间相互影响,相互促进。首先,语言知识是发展语言技能的基础,不具备一定的语音知识,不掌握足够的词汇,不了解英语的语法,就不可能发展任何的语言技能;而语言知识的学习往往可以通过听、说、读、写活动的过程来感知、体验和获得。

(三)中外文化之间的关系

语言与文化密不可分,语言具有丰富的文化内涵,英语学习中有许多跨文化交际的因素,这些因素在很大程度上影响英语的学习和使用。因此,《英语课程标准》把"文化意识"作为综合运用能力的一个组成部分,具体规定了各个级别对文化意识的具体要求。

文化是指所学语言国家的历史地理、风土人情、传统习俗、生活方式、文学艺术、行为规范、价值观念等。它不仅包括城市、组织、学校等物质的东西,而且包括思想、习惯、家庭模式、语言等非物质的东西。语言具有丰富的文化内涵,不具备文化内涵的语言基本是不存在的。在一种语言中,从单词到语篇都可以体现文化的内涵。

在单词的层面上,英汉两种语言存在很大的差异。有些词汇只存在于汉语中,在英语中没有对应的词,如"馒头""节气"等;还有些词只存在于英语中,在汉语中则没有相对应的词,如 cowboy 和 hippie 等。另外,在英汉两种语言中,某些词语看似在指同一事物或概念,其实不然。

在短语、成语、谚语层面上,英汉两种语言也存在很大的文化差异。尤其是成语的问题更为复杂,《汉英词典》主编之一王佐良教授在《一部词典的编后感》一文中写道:"把'布衣蔬食',直接译为 wear cotton clothes and eat vegetable food,在今天就会引起误解。'布衣蔬食'在中国标志着生活简朴,但在英、美并非如此。现在,蔬食远非穷人所专用,已是西方医生给饮食过量的百万富翁们开的药方了。"谚语是民间流传的至理名言,往往能反映一个民族的地理、历史、社会制度、社会观点和态度,例如,"要知朝中事,乡间问老农""衙门自古朝南开,有理没钱莫进来"都带有明显的中国文化内涵,而"An apple a day keeps the doctor away"和"You can't teach an old dog new tricks"则具有明显的英语文化内涵。

英汉两种语言的文化差异还反映在日常谈话中。在中国,两个熟人相见,经常用"上哪儿去啊?"打招呼,直译成英语就是 Where are you going? 用这句英语来打招呼,大部分讲英语的人听了会不高兴,他们的反应很可能是:It's none of your business! 人们在分手时通常说 Good-bye,Bye-bye 之类的话,而按照中国的习惯,在说"再见"之前,往往还要有一番客套语,如"走好""慢走"等,这些说法不能直接翻译成英语,否则听起来会让人感到很别扭。在英语国家,人们常常用名字直接称呼别人,如 Tom,Michael,Linda 等,即使年龄悬殊的人之间也可以这样称呼,但是在中国就不能这样做,汉语中的称谓要比英语复杂得多。听到别人赞扬,美国人和中国人的回答也大不相同,美国人一般表示接受赞扬,而中国人则表示受之有愧。

英汉两种语言文化的差异也可以导致文化迁移现象的产生。与语言迁移类似,文化迁移也有正负迁移之区别。刘正光和何素秀指出:"以往关于英语学习中的迁移理论在对待母语以及母语文化的干扰问题时,对负干扰研究得较多、较透彻,同时,对负迁移的作用也有夸大之嫌。"

(四)教师与学生之间的关系

教师与学生都是英语教学活动的实践者,正确地处理好两者之间的关系,对于英语学习的成败起着重要作用。如果把英语教学比作一场戏剧,那么教师就是导演,学生就是演员。两者之间要密切地协调配合,教学质量才能有保证。

第四章
英语听说教学理论实践

第一节　英语听力练习中的主要问题

英语的广泛学习和应用,以及近年来实行并逐步完善的高校英语教学改革和四、六级考试改革,都强调高校学生的语言交际能力,听力显得越来越重要。听力无论是在语言习得,还是在日常交际、感情交流方面都发挥着重要的作用。

然而在实际教学中,听力课虽然照常进行或增加了课时量,但仍然是学生英语学习中的一个薄弱环节。因此,在学生听力训练过程中,教师要善于发现问题,分析影响学生听力提高的多种因素,有的放矢地进行教学。这样,才能有效地培养学生的听力能力,帮助学生完成这一任务。

听力,作为大学英语四、六级考试中的重点考核项目,从某种意义上说,其过程和阅读理解有相似之处,即考核学生的理解速度和理解程度。学生往往在听材料的过程中,无法跟上朗读者的语速,无法控制语言的清晰度,也无法理解说话人所要表达的思想。这说明学生缺乏语感,听力能力差,产生这一弱点的因素也是多方面的。

那么,如何找寻有效的听力训练方法?正如任何其他研究一样,我们少不了去寻找其根源问题。"知己知彼,百战不殆",要想克服听力理解中的困难,必须首先了解或确认影响听力理解的因素有哪些。教师想要提高学生的英语听力水平时,应该考虑哪些具体的因素,从哪里入手去训练学习语言因素,在调查中也受到师生的重视。英语听力是听者通过听觉领悟英语语言的一个复杂过程。

一、语音因素

语言因素中所包含的语音是英语语言的物质外壳,听者语音知识的缺乏影响其对听音材料中各种语音现象的认同;学习语言,最基本的是学习它的语音,了解每一个词汇的正确发音。有的学生基础差,非英语专业的学生升入高校后又没有专门的语音训练,44个音素尚且发音不准,更不能正确掌握每一个单词的准确发音。有的学生经常参加"English Corner"进行朗读训练,也仅仅练习语调,很少注意英语的读音规则。如轻、浊辅音后加-ed发音的区别,以及同音词或发音相似词的辨析,如 sheer-shear, house-horse。另外,在语流上出现吞音、连续、弱化,以及美音和英音的区别等。近年来,美音教材逐渐增多并有流行趋势,学生缺乏对语音规则的学习和技能训练,因此在真正的语言环境中,很难作出快速正确的反应而影响听力理解。

二、语速因素

首先,学生的课文英语磁带内容简单,语速过慢,部分高校教师授课中语速也偏慢。这样,学生已经适应了这种语速,一旦遇到正常的交际对话及大篇文章就会不知所措。并且,在听力理解过程中,多数学生都有一个共性问题,就是不能直接用英语思维。因此,往往把听到的材料在头脑中译成汉语,然后答题时再转为英语,这样势必会拖延答题时间,经常造成的结果是,刚刚跟上第一个句子,第二句话已经进行了一半。因此,提高听力理解速度,就要求学生不能力图听懂每一句话,而是掌握其大意。听的时候边听边理解,这样才能跟上语速。

三、词汇及语法因素

语言因素中的词汇是语言的基础,是语言中必不可少的要素之一。多数教师和学生都相信,听必须以一定的词汇量为基础,词汇量不足,是造成听力障碍的重要因素之一,它直接影响对所听材料的理解。在听力理解过程中,学生不仅仅要辨音,同时又要对整体大意进行领悟,在这个过程中出现生词就难辨其义。因此积累词汇是十分必要的。有的同学词汇量很大,听力仍无法提高,这是因为阅读词汇不完全等于听力词汇,学生必须通过听觉渠道加以巩固,才能转化为听力词汇。同时,积累一定的习语、谚语和俚语也是积累词汇中应该完成的任务。语法知识也是如此,在听力理解中,经常出现从句、虚拟及被动语态等语法知识,这是构建语言表达形式的重要组成部分。

语言因素中的另一个重要方面是句法。如果语法知识不牢固,也会影响听力效果。对句法知识的熟悉程度可以影响对所听内容的理解,没有牢固的句法基础,听者可能无法对一闪而过的语音信息作出及时的反应与判断。

四、文化背景因素

语言和文化互相渗透,密不可分。两种文化的差异和两种语言的差别一样,会成为学习的障碍。长期以来,在高校英语教学中,一直以教授知识和训练为重点,忽视了文化的导入。学生在听力理解过程中,不明白外国文化背景、生活习惯、风土人情、生活方式等,这会给听力理解造成一定的困难。

五、心理因素和听力环境因素

听力理解过程也是一个考核学生心理素质的过程。在四、六级考试中,听力作为第一题出现,有些同学从试音开始就进入了紧张状态,待放音时头脑中仍一片空白或是烦躁不安。在这种焦虑的状态下,听力效果直接受到影响。另外,外部环境(比如说室内噪声),接收器的音质效果等都会成为影响听力理解的干扰因素。

第二节 听力教学中的相关理论与实践

本节主要从图式理论与听力教学、交互理论与听力教学、输入输出理论与听力教学、会话含意理论与听力教学等方面对听力教学中理论与教学的结合进行探讨。

一、图式理论与听力教学

图式理论是认知心理学家用来解释心理过程的一种理论。所谓"图式",是指每个人的既有知识在大脑中的储存方式。德国哲学家康德最早提出了图式概念,他认为图式是联结概念和感知对象的纽带,概念只有与个人的已知信息发生联系时才有意义。《记忆》一书中指出,"图式是对过去经验的反映或对过去经验的积极组织",它是学习者记忆中的已有信息对新信息发生作用的过程,即如何把新信息充实进学习者知识库中的过程。图式是输入并存储在头脑中所有对世界的一般认识。"可以这样认为,我们所具有的图式就是我们所具有的知识"。人的大脑中储存的图式各式各样,它们有简单和复杂、具体和抽象、低级和高级之分,甚至一个图式内还可能包含另一个图式。人们在理解新事物的时候,需要将新事物与这些已知的概念、过去的经历联系起来,"对新事物的理解和解释取决于头脑中已经存在的信息图式"。

根据图式理论,人的大脑对信息的处理方式主要有两种:一种是"自下而上"的信息处理方式,也叫"数据支配型"。它是一个从具体到抽象的过程,输入信息从最基本的具体图式开始,以高层次或较抽象的图式的形成而结束。这种处理方式使听者容易注意到新信息,注意到那些与他们所设想的话语内容和结构不相符的信息。另一种为"自上而下"的信息处理方式,又称"概念支配型"。它是一个从抽象到具体的过程,即从高层次的图式或背景知识开始,以它们来预测、推断、筛选、吸收、同化输入信息。这种方式加速了信息的吸收或同化,有助于消除歧义。在外语听力理解中,"自下而上"方式表现为听者较为注重语言信息,即单词、句子等具体信息的听辨和具体图式的运用;"自上而下"方式则更加注重高层次图式的运用,即较多利用大脑中已有的抽象概念和知识来分析、处理输入的新信息。可见,听力理解的过程实质上就是听者大脑中的先存知识与新输入的信息相互影响、共同作用的过程。听者大脑中的图式存量越丰富,其理解行为就越准确、迅速,就越有利于在大脑中建立新的图式。影响听力理解的图式主要包括语言图式和内容图式两种形式。

(一)语言图式

语言图式主要指听者先前的语言知识,即关于语音和语法等方面的基本知识。在语音方面,它包括失去爆破、连读、重读、弱读、同化等;在词汇方面,它包括单词拼写、读音、语义、用法等;在语法方面,它包括时态、语态、词句衔接等。对这些语言能力若不能运用自如,听者在理解对话、短文等复杂内容时,必然会遇到很大的障碍。对于英语为第二语言的学习者,要想激活有关图式,必须具备一定程度的语言能力。否则,即使有丰富的内容图式,也会因语言上的不足而导致交际的失败。王初明认为,"语言能力实际上也是一个人总的背景知识的一部分"。

(二)内容图式

内容图式涉及语篇的内容和主题,因此又被称为主题图式。熟悉话题并拥有关于文章主题的背景知识比掌握词汇知识更重要。换言之,要理解文本,除了它的结构和语言知识外,听者还需要依赖其他各方面的背景知识,因为"一种语言并不是语言、语法和词汇的简单组合,它还在各个层面上体现着使用该语言的民族的文化"。由于地理位置、自然环境、宗教传统、文化习俗等方面的差异,生活在不同文化中的人,对同一事物往往会形成不同的图式。假如听者对目的语国家的文化接触和了解有限的话,就无法在语言符号和所指之间建立起正确的联系,从而产生许多离奇的误读;反之,背景知识越丰富,理解效果就越好,即使文章语言偏难,也不会造成太大麻烦,因为内容图式在一定程度上能够弥补听者语言知识的缺陷。

无论是语言图式还是内容图式,它们对听力理解的影响作用十分明显。它们可以激活听者大脑中的相关图式,使得篇章中的内容与听者头脑中的既有图式互相作用,从而产生更为具体的意义;使得听者更加自觉地考虑语境、排除歧义、准确判断;为领会听力材料的内容提供方向,从而对上下文做出合理预测。

(三)图式理论对听力教学的启发

听力理解过程是听者已有图式与所听语篇材料交互作用的过程。图式在听力教学中有助于注意力的分配、推导性发挥、编辑与总结、推导性重构。因此,对于听力理解的训练,应坚持多听(建立声音反应图式)、多读以扩大语言和非语言知识,以便建立关于有关世界的各类知识图式。

在交际活动中,听力理解不仅是一个输入信息的过程,还是一个对接收的信息进行分析、归纳、编码,然后再输出的综合过程。人们在接收信息时,每一次理解都需要一个已有知识的参与。但是,在英语听力教学中,教师观察到,相当多的学生往往将注意力过多地停留在个别发音、词汇和表达上,加上不了解听力材料的背景知识,以致思维速度总是跟不上说话人的语速。其结果是,他们仅仅记住了一些孤立的细节,对于语篇的主旨却茫然无知。主要是因为:①听者尚未拥有与听力材料相匹配的图式，所以根本无法理解文章所表达的意思；②听者虽然具备了相应的图式，但不能根据材料所提供的线索来激活这些图式，所以依然听不懂文章；③由于两种文化背景、价值观、风俗习惯的差异，听者不具备作者所预期的内容图式，从而造成"误读"。

总之，"图式是认知的基础，在大脑中形成后会对以后获得的信息进行重新组织、理解和记忆"。因此，英语教师在听力教学中，应做到有的放矢，指导和帮助学生尽快建立并自觉运用图式知识，提高学生的听力水平。

（1）拓宽知识面，充实学生的内容图式。影响英语听力理解的诸因素中，所听材料的话题熟悉度的影响最为显著。为此，可以采用听前导入—听音训练—口头反馈的教学模式有效提高听力教学。尤其是在听前导入阶段，要向学生介绍背景知识，提示线索，建立恰当的图式或激活已有图式，以增加对输入材料的熟悉度，缩短学习者的内部认知结构与输入信息之间的差距，加速新旧知识的同化或建立关联。

语言是文化的载体，由于我们的文化背景与西方国家的文化背景存在很大差异，学习者对目的语的背景知识掌握得越多，理解新材料时就越容易，因为"图式可以促使我们对概念进行推论，加速理解的过程"。因此，在听力教学中，教师应有意识地选择一些与英美国家社会、经济、文化、宗教、体育和娱乐密切相关的材料，不断拓宽学生的知识面，培养学生的文化敏感性，完善学生的知识结构，增加学生对目的语国家的文化背景知识的积淀。在具备一定语言能力的情况下，学生掌握的背景知识越多，越有利于在大脑中建立更多的内容图式，他们的听辨能力也就越强。

（2）加强语言教学，丰富学生的语言图式。图式理论虽然在宏观上强调背景知识的作用，但在微观上却没有忽略处在自下而上层次的诸多语言因素。归根结底，语言知识是一切交际活动的基础。只有熟练地掌握词汇、语法和句型结构，建立起足够的语言图式，听者才能对输入的语言信息进行解码，才能根据上下文线索去激活大脑中的内容图式，迅速准确地领悟语篇的意义。

试以词汇学习为例。一方面，学生应该掌握尽可能多的词汇，因为词汇是建立各种图式的基础，词汇量的缺乏会妨碍相应图式的激活，从而导致理解障碍。另一方面，图式理论里的词汇学习，不是简单的生词释义或一词多义，而是一种

"词汇—上下文—背景知识"的综合概念,听者没有必要弄懂语篇中每一个单词的意思。在听的过程中,听者可能辨别不出他在阅读中已经掌握的词语,也可能会碰到生词,在这种情况下,教师应启发学生通过上下文提供的信息及其他手段猜出大意。所以,在词汇教学时,教师要有针对性地选择那些有利于帮助引导、建立图式的关键词,使学生提高输入信息的匹配速度,加快学生的理解过程。

(3)采取适当策略,激活学生的已有图式。从心理语言学的角度来说,图式的激活是思维理解的准备阶段。因为"长期记忆中的语言知识和非语言知识对理解至关重要"。所谓图式的激活,就是听者利用所接收的某些信息(如文章的标题、图表、关键词等线索)去判断、预测该材料可能涉及的内容,并据此从图式框架中提取可能适合的相关背景知识。储存在大脑中的背景知识属于长时记忆,只有被激活后才能够有效利用。如果学生不能有意识地利用他们的背景知识和经验,在特定的语境中他们就无法理解所听的内容。听力教材大多以日常生活题材为主,学生大脑中应该储存相应的图式,关键在于如何激活它们。在听力教学中,教师要善于引导学生有目的地对大脑中储存的知识图式进行选择、整理和加工,培养他们分析、预测、推理和判断的能力,为更好地理解听力材料做好准备。因此,在听力活动开始前,教师可以就与听力材料有关的主题进行提问、启发、讨论,尤其是对材料中的关键词予以适当提示和强调,挖掘出与材料有关的词汇和事件,充分发挥学生的联想和推测能力,及时激活学生大脑中的先存图式。学生的已有图式一旦被激活,教师进行听力教学时,学生就会觉得难度降低,从而积极主动地投入课堂活动中。

二、交互理论与听力教学

20 世纪 60 年代出现了建构主义教学理论,其核心是:学生是自我控制的知识建构者,教学实践的中心任务就是帮助学生提高自己的认知能力。交互性是建构主义的一个重要手段。教室里最有价值的活动是学生们组成一个集体,相互交流,共同建构。教师与学生之间,学生与学生之间的协作交流对于加速对知识的意义建构,是至关重要的手段。教师应从传统的主导地位向指导地位转变,成为学生学习的辅导者、高级伙伴或合作者,也是学生表现的评价者。师生之间是一种"双向互动"的交往关系。

建构主义教学理论强调了外语教学中的"交互性"模式的重要意义。交互教学的基本属性是互动性和互惠性,强调师生之间、学生之间动态的信息交流。通过信息交流实现师生交流互动,相互沟通,相互影响,相互补充,从而达成共识、共享、共进。对于教学而言,交往意味着对话,意味着参与,意味着相互建构,它不仅是一种教学活动形式,更是弥漫于师生之间的一种教育境界和精神氛围。对学生而言,交往意味着心态的开放、主动性的表现、个性的彰显、创造性的解放;对教师而言,交往意味着上课不仅是传授知识,而且是一起分享理解。教师与学生之间、学生与学生之间需要共同针对问题进行探索,并且在探索的过程中相互交流和质疑了解彼此的想法。

(一)交互原则

(1)自动化。当人们注重语言的意义和提供的信息而非语言的形式时,才可能有真正的人与人之间的互动。

(2)激发内部动机。当学习者能完成言语行为,自我实现时,动机才能满足。

(3)策略投资。交互需要学习者有运用学习策略的能力,尤其在解释语言受阻时。

(4)冒险。交互需要某种程度的冒险,要不怕被耻笑,不怕没有解释清楚目的语,不拒绝错误。

(5)语言—文化的联系。交互的文化负载要求参与会话者充分注意到语言在文化层面的微小差异。

(6)中介语。交际的复杂性使得语言学习成为一个长期的习得过程。在这一过程中,学习者会犯错,教师的反馈在此过程中起决定作用。

(7)交际能力。交互序言学习者具备各种交际能力(语法、语篇、社会语言学、语义、策略等)。

(二)交互理论对听力教学的启示

1. 创设问题情境,通过合作解决问题

交互式教学主张"通过问题解决来学习"。在问题解决这种高水平的思维活动中,学习者要不断获取解决问题的有关信息,同时不断激活原有的知识、经验来解释问题,形成新的假设,并通过逻辑推理和推论对问题做出检验。因此,在英语教学中,教师就是要为学习者的思维和问题解决活动提供必要的引导和有

力的支持,针对学习内容设计出具有思考价值和启发意义的问题,让学生思考并尝试解决,在讨论过程中设法把需要解决的问题因势利导,引导学生自己去发现规律,纠正错误,创设有挑战性的问题情境,让学生在情境中产生疑问和设想。

2. 注意反馈

通过交互,强化师生对教学的参与程度。课堂上教师的频频提问,学生的积极回答,强化了教师的教学行为和立场,同时激发了学生的学习兴趣,对问题的关注。因此,教师要根据学生的反应,调整教学进度,加深拓宽教师参与教学的广度和深度。

3. 发挥小组讨论的优势,促进英语听力课堂教学

小组讨论是开展交互教学的一种常见形式,有一系列的优势,如操作简便、易于检测、实用性强、见效快。如果利用得当,可以扩大学生讲话的机会,训练交际能力的微技能,如表示同意、反驳、提问、解释、澄清、协助等,同时可以降低学生使用目的与交流的焦虑度,因为在小组讨论中,没有监督和被监督之分,每个参与者的地位都是平等的。学生有机会听取别人对同一问题的不同看法,并经过思辨,作出反应,这样既训练了他们的思维能力和口头表达能力,又能真正客观公正地解决实际问题,最终达到交际的目的。

4. 注重交互活动过程中的文化导入

语言不能脱离文化而孤立地存在。要想恰当的、得体地运用目的语进行交流,就必须了解与目的语相关的文化,了解其运用规律、风土习俗、心理观念、文化背景和词语内涵。要想真正培养学生的交际能力,教师必须将文化教育渗透于课堂的方方面面。

三、输入输出理论与听力教学

(一)克拉申的输入假设

美国学者克拉申关于第二语言习得的理论包括五个假设:习得和学习假设、自然顺序假设、监察假设、输入假设和情感过滤假设。其中,输入假设是克拉申第二语言习得理论的核心。它探讨了人们习得语言的方式——人们通过理解稍难于他们现有水平的语言输入,按自然顺序逐渐习得语言,而且输入必须足够。他还强调获取可理解性输入是习得的必要途径。

最佳语言输入的四个必要条件：输入必须是可理解的，输入必须是有趣的、密切相关的，输入不是以语法为大纲的，输入必须是大量的，其中可理解性尤为重要。获得可理解的语言输入是所有成功的外语学习者的特征，"量越大，学习效果越好"，反之，缺乏可理解的语言输入则会导致学习效果不佳，甚至谈不上外语学习。同时，输入材料略高于学生实际的语言水平，会使得学生理解后有一种征服感、成就感和满足感，树立进一步学习的信心。克拉申"输入理论"是在国外环境下语言习得和二语习得的基础上提出的，得到大量教学实践与试验，如TRR教学法、沉浸教学法的证明。

（二）斯温纳的输出假设

克拉申认为可理解性输入在第二语言习得中起到中心作用，而斯温纳则认为输出在第二语言习得中有显著的作用。斯温纳的输出假设的依据是她进行的"浸泡式"教学试验。浸泡试验表明：尽管她的学生通过几年浸泡，获得了大量的语言输入，但他们并没有获得如本族语者那种语言的产生能力。她认为，造成这样的原因不是学生获得的语言输入有限，而是他们的语言输出活动不足。

斯温纳认为语言输出有以下三个作用：

（1）促进学习者对语言形式注意的功能。

（2）提供学习者进行检验自己提出假设机会的功能。

（3）提供学习者有意识反思机会的功能，即元语言作用。

斯温纳还认为"被迫"输出能促使学习者利用现有中介语的变体，使之逐渐向目标语接近，从而有助于语言习得。

（三）输入、输出假设的相互关系

克拉申的输入假设和斯温纳的输出假设是从两个不同的侧面来讨论语言习得的观点，都有其合理成分，都对外语教学有一定的启示。克拉申的输入假设，强调足够的可理解性输入在语言习得过程中的重要性。而斯温纳的输出假设则是从另一角度探讨习得，她认为语言水平的提高不能仅依靠所获取的输入，输出在习得中也扮演重要角色。语言输出中对语言形式的注意会激活学习者的认知活动，有助于学习者已存知识的巩固和新知识的学习；语言输出活动为学习者进行尝试提出自己的假设、检验自己的假设提供了机会，而且帮助学习者用语言对假设进行反思，能促进学习者控制和内化语言，有利于学习者语言产生能力的培养。因此,在语言习得过程中,语言的输入是打好语言基础不可缺少的途径,是前提,也是保证,没有输入就谈不上任何输出;而语言的输出是语言知识的创造性应用,是语言知识内化和巩固的最有效途径,它反过来又促使学习者进行反思,感受到自身语言知识的不足,从而促发更多语言输入。总之,语言输入是语言输出的源泉。只有在接受足够输入的情况下,才有可能有较好的输出。语言输出又反作用于语言输入,是语言输入的助推器。二者从本质上来说是相互影响、相互作用的,是语言习得过程中的一个完整的圆环。

(四)输入输出关系在听力中的体现

虽然克拉申认为学习不能直接转变成习得,但他同时承认,学习能间接促进语言习得。克拉申认为课堂教学尤其适合第二语言或外语初学者,课堂外语学习是进一步习得的基础,是向真实语境的过渡。课堂教学有助于外语的习得,课堂教学虽然不能改变语言习得的途径,但显然可以加快语言习得的速度。这些研究进一步完善了克拉申的第二语言输入理论,尤其为非自然输入条件下的课堂教学提供了理论依据。在课堂教学环境下,有效的输入应建立在以克拉申的输入假设作为英语分级教学的理论根据上,尝试性地将该理论应用于听力教学中。

语言学习是互动过程,输入和输出紧密联系,互为制约,互相促进,共同构成一个完整的学习过程。输入是输出的前提和物质基础,没有输入,输出就是无本之木。但仅仅依靠输入还不足以内化所学的语言规律,只有通过输出才能促进输入的语言转化,进而形成学习者自身的语言系统。

传统的英语听力课片面强调输入而忽视了输出,违背了语言学习规律,使学生失去了将可理解性输入的语言形式内化的机会。只有通过口语表达练习,才能使学生注意到他们还没有掌握的目标语知识,反馈和修改出现的语言错误,从而进一步提高表达的流利程度和正确性。

在听说课堂环境中,输出方式主要有问答、复述、对话、讨论、辩论、演讲、角色扮演等。英语教学要求分为三个层次,即一般要求、较高要求和更高要求。这三个要求包括英语语言知识、应用技能、学习策略和跨文化交际等内容,并以定性和定量的描述体现英语教学目标。对初级阶段的学生,教师可以在听后阶段帮助学生分析听力材料中说话者的表达方式和语气的基础上,要求其模仿对话中的表达方式,进行实际对话,也可以要求学生复述所听的内容。

另外,听力课的费时低效与该课程现有的教学内容、方法和手段等方面存在的问题是分不开的。如何解决"费时低效"的问题,寻求最佳输入、提高听力课的效果,已成为英语教学亟待解决的问题之一。

(五)输入输出理论在听力教学中的实际应用

听与说是一个事物不可分割的两个方面,我们应将听说活动融为一体。而教师在听说教学中不应只扮演知识提供者的角色,而应起到引导和学习模范的作用。教师应能运用多种有效的教学方法以激发学生在听说课堂中的参与交际的积极性,鼓励学生主动运用语言,帮助学生从语言知识的被动接受者转变为语言交际中的积极参与者。为此,听说课应注意以下五点:

1. 合理选择听力教材

根据克拉申的可理解输入假设,听力材料应该难易适中。教师应根据学生的听力水平和听力材料的难易程度有目的、有计划、有步骤地选择和使用教材:

第一,听力材料中出现的语法和单词大部分应该是学生学过的。

第二,语速不能太快,也不能太慢。

第三,教师要了解学生的听力水平。每个学生要根据自己的水平选择听力材料。班里集体听的语言材料要适合大部分学生,并且也应该前后连贯。教师应该根据每个学生的情况建立听力档案,记录学生的听力水平以及所取得的进步。听力材料的内容要丰富,题材与体裁要多样。

2. 充分考虑学生的情感因素

克拉申认为影响二语习得的情感变量主要有三类:学习者的动机、自信心和焦虑感。在外语学习中,动机是直接引起学习活动的一种内在动力。在听力理解中学生必须具有强烈的听的动机和愿望,才会在听的过程中调动已有的语言知识、背景知识、运用各种认知策略积极获取信息,参与交际活动。针对学生学习动机不足的问题,教师可以采取多种手段激发学生的学习动机,强调听力理解在外语习得和外语交流活动中的重要性。

3. 听说并举,缺一不可

对中高级阶段的学生,教师可以要求学生在听完一个故事、一段新闻或一段对话后,组织学生对所听到的内容进行讨论;也可以要求学生按照所听到的内容分角色扮演;还可以将学生分为几组,每一组分别听到一个话题的不同部分,然后要求学生交换信息,将其组织成一个完整的故事,或为听力材料中所提到的问题找到解决方法。所有这些输出性练习的设置,都要听说紧密结合,使输入材料内化并转化为学习者的可理解性输出。因此,改革后的听说课与传统的听力课相比,一个很突出的优势就是创造了语言输出的环境。它彻底改变传统听力课教学模式,变"听磁带—做练习—对答案"的课堂模式为听说(师生之间、学生之间)互动式课堂教学,为听说能力的训练,交际能力的提高创造了更大空间,从而提高学生英语语言的应用能力,特别是听说能力。

4. 优化语言学习环境,创造"低情感过滤"的课堂环境

我们知道学生的情感因素对听力理解至关重要。根据克拉申的情感过滤假设,教师在课堂教学的各个环节中必须充分考虑学生的情感因素,有效降低情感过滤作用,使学生积极参与课堂上的各种交际活动,从而达到获得信息,吸收语言的目的。怎样才能为学生创建一个轻松、愉快、有利于提高和发挥听力水平的低情感过滤环境呢?

首先,教师在教学过程中要用心观察学生的情绪,养成经常和学生交谈的习惯,及时发现和分析影响学生听力理解的情感因素。

其次,教师一旦发现阻碍听力理解的情感因素,就要及时考虑对对策进行调整。为了激发学生听的动机和兴趣,降低学生的焦虑感,增加他们对听力理解的自信心。针对影响听力理解的情感因素直接正面地对学生进行教育和引导。

5. 科学安排听力测试,及时了解学生学习情况

及时、客观、准确地测量学习者的英语听力实际水平,使其在相应级别的学习过程中获得更多的语言输入。因此,在分级教学编班时,根据学生听力测试结果再由教师引导学生参报级别。英语听力教学中所要进行的各单元测试,以及期中、期末考试,其内容不能仅仅局限于课本中的单元测试或与其相类似的标准试题。测试内容应以最新的电台节目为主,并包含泛听所规定的部分内容,这样使学生一开始就意识到听力测试与泛听的密切关系。

总之,只要用心观察和发现,教师就能随时掌握阻碍学生听力理解的各种因素,并采取各种有效方法加大语言输入,降低情感过滤作用,帮助学生最大限度地吸入语言、习得语言,提高语言应用能力。

四、会话含意理论与听力教学

(一)会话含意理论背景

话语通常有两层含义:第一层是指说话人说出单词和句子所表达的字面意思(话语的语义内容),或称命题意义;第二层是指说话人在特定的语境下所要表达的含蓄内容或言外之意(话语的语用意义),也就是会话含义。

我国自 20 世纪 90 年代起,开始了对新格赖斯会话含义理论的研究,有数位学者如徐盛桓、钱冠连和熊学亮等撰文从各个侧面剖析会话含义理论,其观点颇有见地。杨惠中曾对历届大学英语四级考试听力部分所考核的听力技能做了详细的统计,测试正确理解未直接说明的隐含意义的听力技能所占比例高达 43.06%。李娅琳研究了话语含义与听力理解的关系,指出掌握合作原则和会话含义的基本原理有助于提高学生的听力水平。这些理论与实证研究进一步表明,会话含义理论与外语学习尤其是听力理解有密切的关系。但是关于会话含义的这些研究都是围绕合作原则、关联论及礼貌原则进行探讨,而对于话语含义推导所使用的策略谈及不多。

(二)会话含义的特征

会话含义关注的不是说话人说了什么,而是说话人说这句话可能意味着什么。它是语句所含的隐性的主观意思,是语言启动后,结合语境,通过一定量的相关推理获得的有意图的意义,意图受到文化、社会心理影响,它为语句的可能意思提供了某些推理解释而非指它的字面意义。何兆熊认为话语含义有三个基本特征:可撤销性、不固定性及不可分离性,这三个特点都是以含义的可推导性为前提的。其中,可撤销性是以语篇指示词为推理标志,而不可分离性虽以整体语义内容为基础,但其推导是借助说话人和听话人共有的知识,与不固定性重合。会话含义具有以下三个特征:

1. 主观性

在不同的场合,因交际的主体不同,同一句话可能有不同的含义。话语内容,语境和各种暗示,使听话人对话语会产生不同的主观理解。它反映的是说话人的意图、目的、评价等主观意思。而认知主体的个体差异,如他们的心理、个性、教育背景、性格、文化差异等使其对话语的语句含义有不同的理解。

2. 深层性

话语含义是隐藏在语句深层的意思，不同于语句的本意或字面意思。话语尽管在字面意上没有关联性，但是其深层意在语境中使得关联性加强。我们所理解的"弦外之音""话外之意"指的就是话语的深层意。话语的字面意义使听话人感到它在特定的语境中是不合适的，因而需要经过推理来对它进行必要的修补，以获得合适的意义，这个意义也就具有了深层性。

3. 语境性

话语含义是具体语境中获得的意思，语境是识别和推导含义的必要手段，可以从物理语境和认知语境来分别对待。物理语境也就是我们常说的话语本身的言语语境。它在很大程度上是一种定量，可以借助省略、反问、强调等隐性手段传递话语的含义或借助词语手段间接表达，这样的含义比较明显，容易达成共识。

（三）会话含义理论在英语听力教学实践中的应用

随着语言学上对"话语理解"的研究从语义层次向语用层次的拓展，人们对听力理解的认识也经历了从静态到动态的转变。听的过程不是消极被动的，实际是听力理解的过程，包括自下而上和自上而下两个过程。随着研究的不断深入，这两种模式结合的综合型更有利于学习者通过解读语言中的各种提示，理解说话人的言外之意。下面，笔者将从言语的间接性、言语的关联性和言语的信息性三个方面探讨听力理解中话语含义推导的语用策略。

1. 通过言语的间接性理解会话含义

通过语言的间接性来理解字面意义与话语意义之间的不一致是首先要考虑的。有时由于特定语境的需要，语用双方会有意地放弃明示交际行为而采用含蓄的或间接隐晦的表达，这种语言使用中的"转弯抹角"的现象就是语言的间接性。话语表层关联性缩小，但与语境的关联却得以增强，话语的理解在很大程度上取决于语境，进而又扩展了语境。语用者处理信息需要付出更多的努力，话语的隐含意义得以表现。

2. 关联点中探究其会话含义

从语篇中寻找话语关联点是推导话语含意的不可忽视的策略。关联性是一个相对的概念,这是因为它相对于语境、依赖于语境;也因为它依赖于交际主体的认知能力和认知环境,所以关联有强弱的程度之分。关联是一个由最大关联到最小关联或无关联的连续体,这个连续体,简单地说可分为最大关联、强关联、弱关联和完全不关联。关联点越多,关联性越大,听者解码所需的努力就越小;反之,关联点越少,关联性越小,听者解码所需付出的努力就越大。

3. 利用信息的缺失和冗长探究会话含义

说话人发出一种信息,希望听话人能准确无误地理解,并作出适当的反应。而听话人常常出于各种不同的意图,会留下一些信息空缺,在形式上表现为所答非所问,使解码难度增大。这虽然从表面看来是前言不搭后语,但实际上却更直接、更准确地回答了说话人的问题,可谓一语中的,因而更快捷地完成了交际的任务。会话含义使听力中出现了"形断",但了解了会话含义的本质,学生就会在头脑中将"形断"与"意连"结合在一起,形成一个整体概念。对于缺失的信息应该适时补全。

第三节 "说"的技能培养

一、英语口语课型的特点

随着英语教学的发展进程,一些根据社会发展和转型的需要,将英语的课型细致划分,口语课型就是其产物之一。在这些学校里,"说"已经作为一个独立课型出现,重点培养学生说的能力。进入 21 世纪以来,为适应英语"第二次革命"要求,发生了"三个转变",即教学思想的转变、教学模式的转变和评估方法的转变。在这三个转变中,都对学生的"听"与"说"的能力尤其是"说"的培养给予了高度重视。在教学思想的转变中,要求以"读"为主转变为以"听、说"为主。在教学模式的转变中,要求充分利用先进科学技术,围绕"听、说"搭建教学互动平台,建立学生自主学习体系。此外,与之相配套的教材依托先进科学技术,与网络配套,突出自主互动地培养学生听、说能力。在评估方法的转变中,一系列的举措相继出台,也将彻底改变全国英语统考的模式,其中在测试中增加听力的权重,降低了参加全国英语口试测试的最低分数线。至此,英语教学已经在教学理念、教学模式和评估方法三个方面为"说"开辟了一条康庄大道,专门培养学生"说"的能力的口语课型纷纷建立,关于"说"的课程体系已见雏形。

需要注意的是,英语的"第二次革命"是一次翻天覆地的变革,涉及的情况比较复杂。英语面向的是非英语专业的学生,学生的精力有限,学习目标和结果也各异。此外,课程体系中英语的课时也非常有限,而且各个学校的财政状况不同,并不都能保证充足的建设投入。加大学生听说实践的力度,多媒体、网络、电视为今天的外语教学提供了最大的便利,它们使外语教学更加生动、活泼、丰富多彩。教师在继承现有教学模式中优秀部分的同时,要逐步推广基于校园网的多媒体教学模式,开发网络教学系统和多种多样的课程教学软件,发挥计算机可单独反复进行语言训练,尤其是听说训练的特点。学生可以根据自己的需要进行反复的听说训练。通过语音跟读、人机对话、角色扮演、陈述等形式,学生的听、说能力有望得到提高。

最后,上述三个转变对英语教师的业务能力提出了更高的要求,长期以来,英语师资队伍建设投资少、不重视,也成为全面开展对学生"说"的技能训练与培养的阻碍。正是由于上述原因,在三个转变指导下的英语教学仅在某些学校进行了试点。

除了一些试点院校和个别院校开设了听、说分离的课程,目前大多数英语课程中仅有听力课。在这样的背景下全面探讨英语"说"的技能培养显然是不现实的,全面总结相关教学经验和理论也为时过早。

二、"说"与"听"要密切结合

按照语言规律,在日常交际中,人们的交际首先是不断地聆听与表达。聆听与表达是输入和输出的关系,听属于输入,说属于输出。语言的输出是以输入为前提的,而输出则是对语言输入的有效检测,丰富准确的语言输入是确保高质量语言输出的必要条件。因此,输入、输出是听说技能在现实交际中的直接反映,是实现交际成功必不可少的两个方面,二者密切相关,缺一不可,我们不能主观地将两者孤立起来。

随着中国加入世贸组织及改革开放的深入,我国对外语人才尤其是优秀的口语人才的需求日益迫切。虽然英语口语课型目前仍处在试验期,但是对学生口语能力培养的讨论却如火如荼。共识是学生英语口语能力在教学体系中应得到充分的重视,这是英语改良思潮作用下的结果。说它是"改良",是因为它没有像英语"第二次革命"那样彻底地对改变英语被动局面做出的全新设想,而仅仅在已有的英语课程模式的基础上,在教材编写方面将"听力教程"改良为"听说教程"。客观地讲,这样的思路是一个大的进步,但是英语课程设置课时很少,平均一周一节。在这样少的课时内,教师要很好地进行听说技能培养难度很大,加之现在的教材越编越厚,内容越编越多,更增加了课堂处理的难度,结果在课堂上,学生听完听力材料后时间已经所剩无几,来不及进行口语技能训练,教师迫于无奈还是将听说课当成听力课来上。现实情况表明,这样的课程设置对口语技能的培养重视不够,为学生提供开口说的机会很少。实际将"说"与"听"剥离开来,仅留下了机械与单调的听力技能培养,严重影响了学生交际能力的提高。

尽管口语课型尚未普及,但是现有听力课型实际上已经融入了对"说"的培养。在教学实践中,教师应坚持语言教学规律,尽力合理运用课时,给"说"留出一定时间,充分利用先进的技术设备,采用多媒体提高课堂效率,使"说"与"听"密切结合起来。

英语教学的最终目的是培养学生的交际能力,而交际能力最主要的体现就是学生听说结合的综合能力。因此,听力作为一门以语言输入为主的课程,口语作为一门以语言输出为主的课程,二者应相辅相成,共同促进输入、输出的完成,最终达到交际的目的。

总之,英语教师应当在教学实践中把听、说结合起来,借助先进的现代化多媒体教学手段,在课堂上实现听与说的密切结合。

三、重视培养"说"的课外环节

良好的口语能力,首先要有正确的语音语调;其次是语法正确,用词恰当,符合英语表达习惯;再次是内容充实,逻辑性强;最后是流利而富有感情。英语课时有限,而课外的学习时间是无限的。英语教师应力图将课堂上有限的时间延伸到学生无限的课后自学中。这条教学规律对于任何学科的教学都是必需的,不过英语的特点使之显得格外重要。教师的课堂教学犹如"画龙","点睛"还要由学生自己在课外来完成,仅凭课堂有限的课时是不可能学好英语的。作为学生,要想真正提高听说能力,除了重视课堂,还必须加强课后有关听说的练习,养成课后自学英语的好习惯,如参加英语角口语会话活动,积极参加口语竞赛以及通过各种渠道广泛听各种听力材料等。主动为自己创造一个良好的口语与听力环境,巩固课堂上实践过的内容,进一步提高自己的听说能力。

在教师实践中,一方面,教师应重视学生课后环节的自学,督导他们进行大量的自学练习,以保障听说能力的进一步提高;另一方面,教师还应引导学生选择正确和科学的自学方法进行听说练习,使他们明白掌握正确和科学的自学方法是成功的一半。首先,要指导学生正确选择合适的听力材料。为了提高听力水平,学生应该根据自己的实际,选择一些具有真实性、可理解性和多样性的材料来练习。根据心理语言学家的研究,一段完全听不懂的材料,对于听者来说,只能是一种噪声,对提高听力毫无帮助。因此,选择适合的听力材料很重要,选择适合学生水平的听力材料,学生的学习热情就会被充分调动起来,他们就会自觉地进行由浅入深的有效训练,才能逐步养成良好的自学习惯,获得成就感,享受"听懂"的乐趣,提高自己的听力水平。其次,教师要告知学生,在进行听力练习时,一定要专心致志,仔细听音,坚决改掉一边听录音,一边心不在焉的不良习惯。因为人在全神贯注时,大脑细胞越兴奋,外界信息"冲击"大脑所留下的痕迹就越深。只有专心致志仔细听才能收到好的效果。这也恰恰解释了许多学生每天都在练习听力和收听英语广播,但还是听不懂且进步不大的真正原因。最后,在听力输入的基础上,教师一定要多鼓励学生在课外张开嘴巴说英语,以"听"促"说"。课外练习口语的机会和场合非常多,而学生对此缺乏足够的认识,教师除在课堂上为学生创造"说"的机会外,还应具体地告知学生,一方面,要积极参加英语角和口语大赛等常规的和正式的活动,创造练习口语的机会;另一方面,像课文复述、同学间的英语聊天、背诵名家名篇、和外国朋友交流等,都是练习口语的好机会。学生有了这个意识,就能够把握练习口语的机会。

中国学生大都羞于开口说英语,怕丢面子,怕说错。这种心理的形成有中国文化习俗的原因,也有中国英语教学体制的原因等。无论如何,教师应首先鼓励学生开口,逐步培养其讲英语的习惯,另外,还要使学生明白口语语体和书面语体的特点与差异,使他们知道口语语言灵活多样,不管是中国人还是外国人,其口语都会出现这样或那样的错误,讲口语出错是正常现象。只有学生养成了开口讲英语的良好习惯,才会逐渐克服练习口语时的不良心理状态,其口语技能才会大大提高。

第四节　提高学生英语听说能力的有效途径

一、循序渐进、提高学生的听说兴趣

学习兴趣是推动学习的有效动力,是学习动机中最现实、最活跃的心理因素,在教学中培养和提高学生学习英语的兴趣是至关重要的。许多学生在进入大学以前都未曾受过专门的听说训练。进入大学后刚接触听说课时产生畏惧心理,甚至失去学习兴趣。因此,教师要起到"穿针引线"的作用。在课堂上,教师要告诉学生,英语并非我们的母语,所以某些地方听不懂或者说错是很正常的现象,慢慢练习就会进步。同时,还要告诉他们以正确的心态来面对课堂练习,不要感到不好意思或者认为老师在为难他们。教师的态度要温和而真诚,要尊重每一名学生。在大学英语听说教学中,老师要从学生的实际水平出发,循序渐进地选择听力教材,采取稳中求实的原则,努力创造一种轻松和谐的课堂氛围,减少学生在听音时的不安和心理压力。教师在学期开始时就让学生清楚地了解本课程的教学目的、要求,教学安排和形式,还可以以不计名问卷调查的形式向学生征求建议,鼓励他们参与到课堂设计中。因此,教师应该针对学生希望提高听说能力的愿望,但有好奇、紧张、容易气馁的心理,精心地设计每一堂课,选取难度适宜又实用的听力材料,在教学活动中营造情景交融、轻松愉快的课堂气氛,激发他们的兴趣和求知欲。课堂上除了听力理解的书面练习外,还应该适当增加口语练习,这样做既可以活跃课堂气氛,又可以提高学生的学习兴趣,增强教学效果。

二、引导学生积极参与课堂讨论

课堂讨论是培养学生英语交际能力的一种很好的形式。只有让学生全面参与学习过程的讨论,学生的听说能力才能得到充分的训练。特别是学生之间、师生之间的开放性讨论,不仅能提高学生说的胆量、说的欲望、说的能力,使学生说得准确、流利、生动,还能提高学生的思维能力,提高学生用英语进行交流的兴趣。

语言不是教会的,而是学会的。教师的任务不仅要完成教学任务,更要逐步培养学生的自主学习能力,使他们逐步走向自学之路,况且英语是一门实践性很强的课程,教师在英语听说教学中应以学生为中心,这是一种全新的教学指导思想,它能有效地避免教师的"填鸭式"教学。在课堂上,教师应该调动学生的主观能动性,把说的机会留给学生,促进其口语能力的提高。这样教学虽然使教师退到后台,但并不意味着抹杀教师的作用,相反,教师的作用更加重要。因为在听说课过程中,教师始终扮演"导演"的角色,帮助学生明确口语教学的交际任务和目的,指导学生选择口语活动的形式,如角色扮演、分组讨论等。在这一过程中,教师不仅是管理者,还是参与者,教师能够保证课堂活动的顺利进行。

三、丰富教学方法,提高学生的学习兴趣

教师应尽力采用多种方法让学生在课上练习说英语,这一点很重要。除了让学生参与课堂讨论之外,教师还可以采用下列方法训练学生说的能力。

(一)故事复述

让学生复述他们读到、看到和听到的故事。教师也可以每节课抽出一点时间给学生讲一个长度、难度适中的故事或者一个英文笑话,然后让某个学生进行复述,同时让其他学生补充,直至把故事补充完整。

(二)讲故事

让学生用正确的英语语音语调讲故事,并根据情节做出手势和表情。教师为学生提供情节和人物,让他们即兴编故事,以培养他们随机应变的能力。

(三)角色扮演

让学生通过角色扮演练习情景对话。例如,在诊所、在车站、在邮局、在餐馆、在商店等,这种练习有助于学生在现实生活中灵活运用英语。

(四)短剧表演

学生以小组为单位集体创作剧本,然后编排表演,课堂表演时间限制在8~10分钟。通过背诵大量台词和反复多次排练,强化学生的记忆,很多英语句子

都能脱口而出,这种兴趣也大大激发了学生的求知欲。

(五)唱英文歌曲

让学生学唱英文歌曲,以此来矫正学生的发音。这种活动可以调动大多数学生的参与积极性,而且能收到寓教于乐的效果。教唱英文歌曲是英语教师的一项重要职业技能。利用唱歌来教英语是一种很好的教学方法。根据教学内容巧妙地利用英语歌曲进行英语教学,既可以活跃课堂气氛、减轻疲劳、消除紧张、激发学生的兴趣,又可以培养语感、陶冶情操、提高学习效率和口语流利程度,还有利于营造一种轻松自如、快乐学习的氛围。

(六)看英文电影

电影的表现形式之一就是语言,让学生在看英文电影过程中学习日常用语,锻炼听力的同时还能了解到国外的文化。

四、模仿—复述—创造,逐步提高听说能力

(一)模仿

模仿的第一步是模仿语音。模仿时要一板一眼,口形要正确。刚开始模仿时,速度不要过快,用慢速模仿,以便把音发到位,待把音发准以后,再加快速度,用正常语速反复练几遍,直至达到脱口而出的效果。第二步是模仿地道的英语表达法。模仿要大声。练习里的简单错误不要急于纠正,不要过分注重正确性,以着重培养说话的流利程度为目的;练习里词不达意的错误要纠正,以提高说话的质量。通过模仿来提高交际能力,就是在听力课中不断地让学生进行模仿语音、模仿句子、模仿对话及语段的练习,一方面引导学生注意正确的语音语调,另一方面帮助学生建立正确的图式以促进新旧知识的迁移。

(二)复述

教师要求复述者对文章大意准确理解,清楚表达,并不要求逐字逐词地背诵。在有技巧地做好笔记和理解的基础上,用自己的语言重新组织、表达出来。这种方法既练听力,又练口语表达能力。学生通过听力练习,接触大量的语言之后,便可进行口语能力的训练。口头总结其大意,或者复述原材料内容,最后达到能用自己的话去描述原材料内容的效果。在语义通顺、没有语法错误的前提

下,复述可有越来越大的灵活性,如改变句子结构,转换表达方法,用自己记忆库里的词汇和句型来替换一些不常使用或难以理解的东西。

(三)大胆地练习、创造

因不够自信而拒绝使用英语是我国外语学习者学习外语时普遍存在的现象,同时由于外语不是交际中必需的手段,从而大大削减了学习者使用英语交际的欲望。实际上,流利的口语是在不断出错的过程中练出来的。练口语时应该积极主动、大胆,克服害羞心理。学生应该积极主动地寻找语言环境,利用一切可利用的机会去会话。例如,学生可以在自己的房间里大胆地说,可以在散步时描述一下天气,说说家庭、业余爱好等。

五、开展好英语课外活动

教师平时除了抓好课堂45分钟教学之外,还应开展一些丰富多彩的课外活动。这不仅能帮助学生加深巩固理解课堂所学知识,还能拓宽学生视野,给他们提供一个生动有趣、形式多样的语言环境,享受学英语的乐趣,达到学以致用的目的。英语课外活动作为课堂教学的辅助形式,要与课堂教学实际紧密相关,但不是课堂教学的简单重复,而是课堂教学的延伸与拓展,是学生锻炼和提高英语听说能力的第二课堂。因此,在安排英语课外活动时,教师必须考虑学生的年龄特点和英语知识水平,选用切实可行的方法与形式开展有利于培养学生听说能力的各项趣味活动。

(一)英语辩论演讲比赛

这是较高层次的培养学生听说能力的方法。比赛前事先确定辩题,指定正、反方辩手,利用足够的时间准备材料。在辩论演讲时,学生需要具有良好的听力和口语表达能力,且头脑清醒、反应迅速,能够随时回答对方辩友提出的问题。这样能使学生英语听说能力得到最大限度的发挥。

(二)英语朗读比赛

朗读的内容可以是学过的课文,也可以是课外读物。教师要求学生按一定的语音规则去朗读。通过这样的活动可以有效地纠正学生不正确的发音习惯,达到提高英语听说能力的目的。

总之，英语交际能力的提高是一个循序渐进的过程。靠平时多听多练，日积月累，才能有所提高。随着经济社会的发展和全球经济一体化的加剧，英语学习已成为我们生活中必不可少的一部分。作为当代大学生，更应该注重自己英语交际水平的提高，只有这样才能更好地适应社会，从而在社会中站稳脚，获得更大的发展空间。

第五章
英语写作教学理论实践

第一节　我国英语写作教学现状

写作一直是英语教学的薄弱环节,长期以来形成了对待英语写作"学生发怵,教师犯难"的局面。就目前的状况来看,英语写作教学中存在以下问题。

一、课程设置不够合理

在英语教学中,由于课时有限,完成每单元的课文讲解、听力理解、阅读理解等耗时较多,留给写作教学的时间就少之又少,致使写作变成可有可无的教学内容。另外,一般的学校都没有设置专门的写作课程,于是写作教学效果得不到保障。虽然目前的教材都有相应的"听、说、读"等配套练习,却没有关于"写"的教材。尽管每个单元均设有写作专项练习,但这些练习多是被动性的,配套教材的短缺使得写作技能的训练是零碎的、不连贯的。在这种缺乏合理的课型设置以及系统性的写作教材的情况下,甚至连课时都无法保证,写作教学很难保证其教学质量。

二、教学改革相对滞后

随着新课程改革的全面推进和不断深入,英语教师对新课程指导下的写作教学有了一定的认识,然而在实际的英语教学进程中,写作教学的改革相对滞后。很多教师还缺少对学生的英语思维能力进行多方位、多角度的训练,没有采取各种方法训练学生英语思维的发散性、创造性、广阔性和深刻性。英语教学是一项整体工程,写作教学和阅读教学、口语教学以及其他形式的教学之间具有互动互补与彼此关联的整体性。然而在实际的英语教学过程中,教师并没有真正把写作教学置于这个整体性框架中,于是就存在为写作而写作的现象。

我国的英语写作教学滞后也有教育决策部门的责任。虽然我国的各级学校外语教学大纲几经修改,提出要全面培养学生听、说、读、写四项外语技能,但是在实际教学过程中大约 90% 的时间都花在"阅读"这项接受性技能上,对于像"写"和"说"这类运用技能的培养却放在微不足道的位置。这不是教师的错,这是国家制订的各级考试"指挥棒"指挥的结果。翻开各类外语笔试试卷一看便知,最能反映语言运用水平的写作所占比重不超过四分之一。再者,国家教育当局主持编写的外语教材,除了专业外语教材外,一般都没有将写作教材分类编写。这样编排教材很容易造成写作时间被阅读课文语言点和语法难点的时间挤掉,使写作得不到系统训练。外语写作技能培养已成了被人遗忘的角落。要扭转我国外语写作教学滞后的问题,必须下大力气才行。

三、教学方法缺乏创新

传统教学法注重词汇、语法的教学,忽视了语篇的内容、结构等方面的分析。这种重语言知识的讲解,轻言语和表达技能训练的知识传授模式,似乎使学生学到了很多知识,但却不利于学生写作能力的提高。于是学生一到具体运用时要么提笔无言,要么写出的文章内容空泛、条理性差。并且,长期以来,采用重结果的教学法,即根据写作的最终成品来判断写作的得失成败,使得教师在写作教学中的作用,仅限于简单的打分和评判,而对写作过程指导甚少,忽视了在写作过程中对学生兴趣的激发和培养,导致师生之间、生生之间的交流互动严重匮乏。久而久之,学生失去了学习写作的动机和兴趣,写作教学的有效性更无从谈起。

目前国外流行的被认为优势较多的写作教学方法,如过程法、体裁法等均有不完善的地方。写作过程法相比成品教学法有很多优点,它将写作活动视为社会交际过程,注重思想内容的挖掘和学生作为写作主体的能动性,有利于写作者的分析能力和逻辑思维能力的提高。

四、应试教学倾向明显

现在社会普遍认为,学生的写作表达能力远远落后于其语法、词汇和阅读能力,究其原因是应试倾向明显,因为写作在考试中分值明显要比阅读、词汇少得多。另外,目前英语考试中的作文多是提纲式命题,这就造成了学生几乎采用清一色的归纳式结构,不利于克服母语文化思维的负面影响,不利于培养学生有意识地使用衔接手段的方式。

此外,中国的教育传统几千年来一直强调正规的学问,并不热情鼓励学生的独创性活动,对学生的学习表现总是持批评态度,对学生学习发展过程中出现错误的容忍度非常有限。中国这种教学传统培养出来的学生最习惯的课堂就是教师讲学生听的模式。对于交际法或过程法等学生活动较多的教学方法,要是短期内未见成效,学生就会认为教师是在浪费他们的时间和不负责任。学生的意见还可能反映给家长和学校领导。所以,迫于社会和学校等方面的压力,很多教师宁愿墨守成规,也不愿探索使用那些担风险的新教学模式。

第二节　写作教学路径与方法

能否提高学生的英语写作能力,教师在写作课堂上采取的写作教学方法是关键。下面介绍几种常见的写作教学路径与方法。

一、成果教学法

成果教学法以行为主义为理论基础,将教学过程看作刺激—反应的过程。成果教学法重视语言知识,特别注重词汇、句法和衔接手段的恰当使用。在这种方法的指导下,写作教学一般包括四个步骤:熟悉范文、控制性训练、指导性写作、自由写作。最后,教师对学生的作文进行修改和评价。

这一方法忽略写作过程中的问题,不能及时发现并加以改进;评改与写作异步,不利于及时反馈;评改成为教师的专利,不利于学生自主发现和能力提升;未能激发写作的内在动机。

二、过程教学法

过程教学法是针对成果教学法的不足应运而生的,它认为写作过程由制订计划、寻找素材、撰写草稿、审校等环节和技能训练构成。这种教学法提倡教师帮助学生理解和内化写作的全部过程,包括信息收集、制订计划、草稿写作、同伴评议、同伴编辑等步骤。与成果教学法相比,过程教学法提高了学生的写作兴趣,学生在写作训练过程中逐步掌握了写作技巧。在此教学法指导下,教师在写作教学中起到辅助性作用,而学生会在团队活动中意识到写作过程是一种群体间的交际活动,而不是写作者的个人行为。

但是这种教学法花费的时间较多,接受短期培训的学生没有足够的时间对多种文体进行写作练习,而且学生对常规写作模式、写作目的和读者缺乏清晰的认识,所以这种方法可以与其他方法(如内容教学法)结合使用。

三、体裁教学法

体裁教学法是随着体裁理论发展起来的一种教学法。体裁是交际事件的一种分类;交际目的是体裁的核心思想,它使某类语篇具有大体相同的图式结构,而这种图式结构影响语篇的内容和语言风格的选择。体裁教学法在写作教学中具有积极的现实意义。

(1)引导学生掌握属于不同体裁的语篇所具有的不同交际目的和篇章结构。

(2)让学生认识到,语篇不仅是一种语言的建构,而且是一种社会意义的建构。引导学生既掌握语篇的图式结构,又了解语篇的建构过程,从而帮助学生理解和撰写属于某一体裁的语篇。体裁教学法在写作教学中的具体操作步骤如下。

(一)范文分析

教师通过范文介绍某一体裁,讲解其目的、语篇结构和语言特点,让学生对此体裁有一个直观、全面的了解。

(二)共同协商

在这一阶段,学生与教师之间、学生与学生之间相互沟通,共同创作一篇文章;教师也可让学生运用体裁分析法解析属于同一体裁的不同语篇,目的是让他们通过实践将在范文中学到的体裁分析知识融会贯通。

(三)独立创作

此阶段是模仿写作阶段,教师给学生一个新的题目,让他们模仿范文体裁的特点进行自我创作,目的是让学生学以致用。

四、过程—体裁教学法

过程教学法与体裁教学法相结合称为过程—体裁教学法,它可用于中学生的写作教学。一方面,过程教学法可加强学生的写作技巧,从语言形式和写作程序上培养他们良好的写作习惯;另一方面,体裁教学法可以在写作内容、写作目的和语言功能等方面培养学生的语篇建构能力,发掘写作潜力。过程—体裁教学法包括以下四个步骤。

(一)示范与分析

这一阶段类似于体裁教学法中的范文分析,目的是向学生展示一种体裁的社会交际目的、结构特点和语言特色。通过体裁分析,学生可以了解到语篇建构是由浅层的语言要素、深层的语境要素和写作的交际目的等诸多因素构成的。

(二)模仿分析

通过模仿分析和学生之间的相互协商,学生将某一体裁内化到知识结构中。这一阶段类似于体裁教学法中的共同协商阶段。

(三)技巧培训

教师可以在这一阶段着重训练某一写作技巧,如撰写主题句等。

(四)独立创作

教师给学生某一题目,要求他们运用在示范与分析阶段学到的体裁知识和在技巧培训阶段学到的技能来独立完成一篇作文。要求学生拟订写作计划、打草稿和修改等。修改包括自己修改、小组互改和教师批改。

过程—体裁教学法具有可行性的原因在于,它可以使学生理解写作本身是受语境制约并由交际目的决定的一种交际手段。在写作过程中,学生既可以学习语言知识,又可以学习写作技巧。通过范文讲解、集体仿写、小组互改等步骤,学生分别或同时从范文、同学和教师处获得必要的写作知识和技能输入。教学过程既能发挥教师和范文的指导作用，又能激发学生的主动性。

第三节　写作教学原则

英语写作技能的掌握是循序渐进的实践过程，需要配以大量由浅入深、由易到难的练习活动。因此，教师在对学生进行英语写作训练时应遵循以下四个原则。

一、激发写作动机的原则

写作属于语言的交际技能，教师在对学生进行写作训练时应力求交际化。教师可以通过提供令学生感兴趣的话题、设置笔语交际情境，使学生产生写作的动机和愿望，从而带着交际目的、带着读者意识去写作。激发写作动机要求教师能够关注学生并发挥想象力，发掘日常交际中学生感兴趣的交际题材，也要善于利用各种图表等巧妙而合理地设计写作练习。激发写作动机是帮助学生提高写作技能的前提和必要条件。

二、重视单项训练的原则

教师要想培养学生书面表达连贯的能力，首先必须抓好单项的基本训练，如英语字母书写、单词拼写、句子结构、标点符号以及语篇衔接方式等，为英语语言的连贯表达打好基础。当然，单项操练和连贯表达并非截然分开，不能等到全部操练结束后才学习连贯写作。

三、各种技能相融合的原则

写和说均为语言的产出性技能，写的训练主要是书面语练习，强调文字表达的准确性、得体性，而说的训练则要求语音清晰、语调正确、表述流畅；听和读作为输入性技能，与写有密切的关系。在大量听和读过程中，学习者会自然地吸收很多有用的语言材料和语言知识，包括词汇、句子、语段、词形变化规则、行文和说话规则等，到了一定阶段，写作既是复习巩固词汇和语法知识的方式之一，也是促进听、说、读技能的方式之一。

四、指导写作技巧的原则

教师应指导并有意识地训练学生的英语写作技巧：①全文的结构组织，即怎样开头、展开和结尾。②段落的衔接和过渡。③句子间的逻辑关系，如议论文或说明文中的主题句与支持句之间的关系；又如，叙述文或描写文中内容展开的时间或空间顺序等。④基本的修辞方法，如怎样表达因果关系、怎样进行比较或对比等。教师也可以在指导学生写作时提示写作思路，如指导学生列提纲、提供关键词或情节、提供画面、组织口头议论活动等。

第四节 英语写作技巧指导

一、自由写作

自由写作是一种思维激发活动。它像一个开启思维感情的闸门。在目前较为流行的写作过程教学法中，自由写作是创作阶段的一个主要活动形式。它的主要目的是克服写作的心理压力、激发思维活动和探索主题内容。

（一）自由写作的特点

（1）不要考虑如何采用吸引读者的开头，不必考虑先写什么、后写什么，不必考虑如何过渡，只管信马由缰的思维，让你的思想像流水一样自由涌出。

（2）写10分钟不要停，直到你完成一块小文章。自由写作就像跑步一样，如果跑得太快，你会很快失去体能。但是也不要跑得太慢，否则会失去已经建立的写作冲动和语流。

（3）如果不知如何往下写，就写不知道或重复你最后写的话，直到你觉得有东西可写为止。

（4）自由写作中的关键问题是不要回头阅读你已经写过的内容，要一股劲地往前写。这对于大多数学生来说可能很难，因为以前在学校受过的训练都是要求从一开始就要注意如何写得工整、得体。所以不要担忧语法、标点符号、说服力和其他任何事情，让你的话语自由流泻出来，不要让你的笔停下来，不要做任何更正。

（5）不要考虑读者是谁，把你的真实意思写出来。设想你写的文字是透明的，让你的原始思想暴露出来。

（6）你也可以列提纲，只要你觉得这没有对你形成什么约束。

（7）你可以随时把对某一题目或某些感兴趣的事物的看法或感想写在笔记本上，正规与否没关系。

（8）让你的思想尽可能集中在一个主题上。在写作时，顺序有可能改变，也可能碰到没有计划要表达的新想法。这没关系，你可以在后面重新组织你的要点。

（9）如果你没有时间慢慢地自由写作，或者感到困惑，或者仅有一点模糊的想法，就用自由写作激发思维，用写作思考你想说的内容和观察你遇到的事物，只要坚持写作就行。

（二）自由写作的三个步骤

第一个步骤——寻找写作的范围。时间为 5 分钟。也许有人会说这些杂乱无章的东西有什么用？不过，如果回头细读，你会发现这些不连贯的句子里隐含着某种情绪，而这种情绪正是你当前最关心的，或者是隐藏在你思想深处的。也许你在日常生活中忽略了它们；也许你注意到了，但不知道如何去表达。总之，这是你自己找到的、代表你的真情实感的写作范围。找到那最为闪光的一个句子，甚至一个亮点词语，它们是进入第二个写作步骤的线索。

第二个步骤——寻找写作的材料。时间仍为 5 分钟。在进入第二个"自由写作"步骤的时候，以找到的句子或者词语为基点。第二个步骤在动笔之前已有了一定的范围限定，在这个相应的范围内展开自由写作。尽管这已经是有的放矢、有所约束的写作，但还是可以放松地、毫无顾忌地写下去。停笔后，把这些创造出的文字细读一遍，分门别类地整理这些写作材料，提炼出文章的基本线索和层次结构。

第三个步骤——成文。第三个步骤与通常的写作是一致的，所不同的是，两次自由写作提供了写作者自己内心真正感兴趣的写作范围和写作材料，然后在这个基础上构建一篇真正属于自己的完整的文章。前两个阶段的自由写作实际把构思过程通过文字语言给外化了，是对构思过程的一种自由解放，在无束缚中发挥出写作主体的创造性和能动性。

（三）用自由写作创造自己的风格

大多数初学写作的人总是将自己的原始语言过分地转换成他们认为更可以接受、更得体、更正规的某种语言，结果在这个过程中失去了自己的声音。看似他们脑子里有不少好的、清晰的语言，或者说具有这种潜质，但在写作时他们却又感到没有把自己的想法直接说出来，而是凭想象。他们寻求同义词，用 obtain 代替 get，用 proceed 代替 go，不说"I think we should"，而说"One imagine the solution could be…"等类似语言。因为作者使用了他们没法控制的一种声音，很快句子便开始变得模糊，失去生命力，甚至产生了语言和词汇用法错误。但如果你是自由写作，你就没有时间去寻找同义词和查找你真正要说的语言的替代品。如果你采用适当的速度及热身和放松的态度自由写作，你就没有时间去考虑语言的华丽和用词的语气。你会使用具体的主语和动词，会说得更直接，可以更真实地表达自己的想法。你开始发现自己的真实想法，于是文章读起来更像是"你"。即使其中有些有待以后修改的题外话和问题，也会很有意义。

自由写作的东西的确很凌乱，不过凌乱的东西正是你创作一篇好文章所需的材料。你需要从这些凌乱的东西中寻求有用的材料。开始，你可能不知道哪些东西是凌乱无用的材料，哪些是你写作所需要的材料，不过没关系，先把它们放在桌上，然后去评判、挑选。好的句子和不好的句子、好的想法和不好的想法紧密联系在一起，只有写出来摆在你面前才有可能区分出来。如果你过早地调换不好的东西，很有可能会丢掉好的东西。换句话说，写作就像所有学习和所有教育一样。教育依靠推断，推断开始时将你内心的东西挖掘出来，然后改进、清理、填补并将其放入更为宽广的环境中。你要从它所在的地方挖掘出来并加以使用，否则，学习只是一种虚饰。这种虚饰是一种你假装知道，而实际你并没有真正的感觉或无法控制的东西，因为它没有与你本人联系起来。

自由写作过程的中心问题是读者的两面性。一方面，读者是一切，决定所有你要说的内容，决定你用什么顺序展示你的思想。作为具有责任心和交际的一方，你总在想象读者需要什么。另一方面，读者的要求是一种虐待，尤其是在写作初期。如果你想预测读者的要求，你从一开始就不能顺利地写作，或者说不出你真正的意思。过分地考虑读者或只是为了取悦或加深读者的印象，容易导致讨好和迎合读者的心理。这是写作中的所有错误之源。具有讽刺意味的是，使读者最受感动的文章往往是那些并不刻意取悦他们的作品。更准确地说，在自由写作过程中，既不要忘记读者，又要保持一定的距离，区别对待。也就是说，暂时设想写给那些较安全、较容易接受意见的，那些和他们在一起感到自由自在的读者阅读。稍后，尽自己所能为现实生活中那些更具挑战性的读者做出修改。自由写作好像在深夜和一位老朋友的谈话，或者咖啡馆或酒吧里的聊天。自由写作是一个动态的过程。只有写出了最终可能没用上的材料，你才可能得到有用的材料。临时性的东西有时是有用的东西。

二、抓住读者

作者好比导游，读者好比游客。游客有时会很任性和没有耐心。如果他们感到困惑乏味，或者被引入一条对他们来说毫无意义的便道，他们便会失去兴趣，下车去做别的事情。你在写作的时候，也要时刻提醒自己："我的读者是否有可能在这儿下车?"像导游一样，作者必须时刻引导读者，以防他们迷失方向。所有的作者都需要在写作过程中时刻小心，有意识地引导读者在阅读时不脱离轨道。一旦他们走失就很难找回来。正因为如此，作者需要采用某些具体策略来抓住读者的注意力。你抓住读者的最重要的方法不是策略，而是原则。这条原则就是：绝大多数读者都会跟随你的思路走，只要他们能学到某种东西。只要你能给他们提供感兴趣的信息或者使他们感到愉快，教给他们以前不知道的东西，你就有可能让他们一直读下去。如何抓住读者?

(一)选择一个好标题

标题也叫题目，是文章的一个构成部分，书写时位于文章正文前，居中。许多学生将标题与话题相混淆，后者实际是指文章叙述、描写、说明或议论的内容。标题往往是对文章内容的一种提炼。好标题的特点可以概括为准确、具体、新颖、简练。所谓准确，即要求标题和文章在内容上相吻合。所谓具体，是指标题在意义上不宜过宽过泛，比如，当写有关"我父亲"的性格时，若以"My Father"为题就有些宽泛，可以改用"My Impatient/Considerate/Forgetful/Careless Father"这样的题目。所谓新颖，是指标题应不落俗套，具有鲜明、生动、能激发读者兴趣等特性。所谓简练，是指尽可能用较少的文字表达较具体的内容，能用几个词或短语的就不用完整的句子,在记叙文、描写文、说明文中尤其如此。只有对标题进行充分锤炼、斟酌,才能找到画龙点睛、概括全篇的合适标题。标题对开始与读者建立良好关系起关键作用。事实上,你的读者常常会决定是否阅读你在标题中提供给他们的信息。这就是为什么标题如此重要的道理。你的标题必须清楚、准确、有趣。标题应具有以下特征。

标题不可太空泛。一个好的标题应该能让读者准确地预测文章的内容,决定是否要读下去。像"The Roots of Country Music"或者"How to Get the Most Car Stereo for Your Money"这类标题就很直接和具体,很快就会抓住读者的注意力,激发他们的阅读兴趣。

好的标题能为读者控制和聚焦主题,有助于正确引导读者。它还可以为读者处理作者的信息做准备,从而使他们更容易理解作者的意图。对于较复杂的主题,可以提供副标题。

好的标题要便于识别和分类,方便做研究的人能很快弄清你的文章和他的研究有无关系。这对于大学本科生的作文来说似乎考虑得太远,但是养成这种好习惯可以避免你的文章被丢失。有朝一日你可能将文章修改出版,尤其对你继续读研究生非常有用。所以在选择标题时你要设想自己是一名图书分类员或文件档案管理员,没有阅读便可知道将该文章归入哪一类。你可以使用标题中的关键词对你的文章进行分类。

有时你要防止标题矫揉造作、随意嬉戏,或者过于含混不清,尤其是如果你喜欢开玩笑,这种情况很容易发生。但这是不好的,因为你的读者不一定具有与你同样的幽默感。这样做会误导你的读者,甚至使他们恼火。

(二)要有强有力的开篇

任何一篇文章的开头都至关重要。在文章的开头几段或几页你可能赢得读者,也可能会失去读者。任何文章的第一个句子都是很重要的。如果它没能将读者引入第二句,甚至没能引导他阅读第三句,这篇文章将被"束之高阁"。如果所有句子的安排都能使读者向前阅读,直到他完全被吸引,那么作者便创建了一个至关重要的部分——开篇部分。读者就像编辑和评审委员一样既忙碌又没有耐心,一篇文章放在桌上,一般只花一两分钟就决定是否看下去。这似乎太苛刻,但这是现实。如果你想抓住读者,你在 90 秒之内就必须说服读者,你要说的是否令他们感兴趣,是否有他们需要的信息或对他们有利用价值的内容。如果你采用既冗长又平淡乏味的段落开篇,或者没有把主题阐明清楚,你注定会失去读者。所以开篇极为重要,你必须对开头几段仔细考虑和处理。为了抓住读者,你不必费尽心机想出一个什么奇特的开头。事实上,在许多情况下这种开头是不恰当的,甚至是有害的。在开篇时始终记住"Good openings let the reader know what to expect"。在开头部分你要向读者做出承诺,激起读者的期待,然后在下文中兑现你的期许,最常见的有两种方式,一是激发读者兴趣,二是提供信息。如果想激发读者兴趣,可以采用一段逸事、一段引语、一个比喻或一个典型开头。哪一种开篇形式好,没有定论,要根据写作目的和对读者期望的理解而定。激发兴趣的开篇如果进入主题太晚也会让读者不耐烦,而直接提供信息的开篇虽然缺少趣味,但是常常较安全。特别是写给商人和企业家看的文章,因为他们一般都想直接进入主题。

开篇段落的作用和标题一样,主要是吸引读者,此外,还能预测文章内容、列出读者继续阅读的理由、确定文章的风格。

另一种说法就是开篇段是为作者和读者铺设轨道的。它用一种承诺吸引读者,并为他们提供前面有什么内容的信号;它创建与后续段落的连接,并用某种语言和结构创立该文章的风格特点。

三、反复修改

有人认为写作过程实际就是一个重写的过程。许多学生在写作时都不愿意修改,然而,修改却是写作过程中一个非常重要的环节。修改是一个再认识、再发现和再创造的过程。修改可以使文章的题目与写作目的及读者的要求更加吻合,内容更加完整,结构更加合理。不少著名作家都谈到修改或重写的体会,例如,琼·狄迪恩说:"我的写作是一个重写、反复修改和增补的过程。"雷蒙德·卡佛说:"我一个故事打二十至三十次草稿,从来没有低于十次或十二次。"德弗里斯说:"当我看到一个段落像锅里缩小的一条咸肉干时,我知道我上了轨道。"专业作家尚且如此,作为一个用外语写作的学生来说,修改的重要性就不言而喻了。

文章修改的过程是一个梳理思想、整理文字的工作,是在写作基础上进行的再创作。初稿完成后,非常有必要对之前的酝酿和构思进行再审视,以检查主题是否鲜明,立意是否明确,文理是否清晰,结构是否合理,形象是否鲜明,比喻是否恰当,表达是否准确等。对于修改中发现的问题,则需要反复地推敲,以求贴切地表现立意和主题,甚至有时把一篇文章推倒重来,重新安排结构和组织文字。文章修改需要付出大量精力和心血,有时并不少于创作过程。当作者把改好与没修改的文章做一对比,在消除了许多缺点,文章有了很大进步后,就会觉得一切付出都是值得的。所以说,文章修改是写作过程中必不可少的工序。

第六章
英语阅读教学理论实践

第一节　阅读教学中的教与学

一、学生阅读中常见的阅读习惯

　　阅读心理学认为阅读是认知活动,阅读理解是读者知识与篇章信息交互作用的结果。文章提供了提示或线索,但阅读还需读者了解有关的背景知识,一般来说,阅读的过程就是学习者运用获取的语言信息和非语言信息进行判断、推理、分析、综合的复杂思维过程。如果阅读仅仅停留在语言符号的层面,学习者就不能完全正确地理解篇章意义。学习者阅读理解出现障碍的原因在于学习者不能根据篇章提供的信息和线索来激活自己大脑已储备的背景知识,自然就存在理解上的困难。阅读既是一种由多种因素制约的复杂的智力活动,也是一种复杂的语言与思维交互作用的过程,更是一个非常复杂的生理和心理活动过程。

　　高效率的阅读不仅可以跳过由文字到声音这一步来达到理解,甚至可以跳过一定的文字符号来实现理解,因此,直接理解书面意义而无须通过声读,这种真正的默读能力是英语阅读能力的重要内涵。

　　学生的阅读状况亟待改善,逐词阅读模式阻碍了学生语言学习的进展。通过大量的阅读练习既可以增加词汇,拓宽知识面,熟悉各种题材与体裁的阅读材料,又可以有效地提高阅读速度。

　　目前学生在阅读中常见的一些阅读习惯表现为:

（1）学生对单个句子的理解较强，而对语篇的理解较弱，整体理解能力有待提高。

（2）阅读时反复回到前面再看一遍（回视现象）；总是担心没有看清内容。

（3）习惯于用手或笔点着文字阅读；习惯阅读时念出声，或在心里默读（音化现象）。

（4）阅读时，习惯只看几个字，视野窄小。

（5）不能按照文章的顺序进行阅读，时常发生跳读；换行时，不能迅速定焦看清文字。

在理解阅读材料时，普遍存在的问题有：

（1）多数学生仅满足于了解语篇的表层意义，而很少主动进行解构加工，从而无法达到深层次的理解。

（2）大多数阅读者不善于使用各种各样的阅读策略。

二、公共英语阅读教学中的问题

传统的阅读教学采用的是以词汇、语法讲授为中心的阅读教学方法。这种方法的不足之处在于它虽然使学生对句子内部结构有清楚的了解，并有助于对语篇的局部理解，但却无法使学生对语言赖以生成的情景有比较深刻的认识和理解。

教师要有效地培养和提高学生的阅读理解能力，需在阅读教学中针对具体的教学对象及教学阶段，采用与学生学习状况相适应的教学方法。但是，从目前英语阅读教学的状况来看，传统的阅读教学方法仍占有绝对的统治地位，它所存在的问题不容忽视，现从以下三个方面加以分析：

（一）片面强调语言符号的符号性分析，忽视文化背景知识的介绍

这种情况的出现有其理论根源。具体而言，它深受传统阅读理论中转换生成语法的影响。该理论认为，阅读必须从最小、最简单的语言单位开始，每个词、句子和段落本身有意义，独立地存在于材料中，与读者没有直接关系，阅读中的不能理解部分是由于材料本身的一些语言问题，比如，一些不熟悉的词或不适当的语法规则或句子之间缺乏关联。总而言之，此理论强调的是语言结构对阅读理解的影响，而不是读者自己对理解文本的影响。

我们现用的英语阅读教程,绝大多数课文和阅读材料选自英美原文。由于东西方文化的差异,政治体制、风俗习惯、传统、道德的不同,如果对所学语言国家的有关文化背景知识缺乏全面的了解,在阅读原版文章时就会受到影响。因为不管什么国家,语言都是进行思想文化交流的工具,一个国家文化的发展,有其渊源和背景。在英语阅读教学课上,教师过分注重对阅读文本的符号性分析,并在此基础上进行机械似的拼合,忽视了学生内存的已有文化背景知识图式对阅读效果的影响。例如,"full moon"的短语,在西方文化中是与"恐怖"和"疯狂"的图式联系在一起的,而在东方文化中激活的则是"团圆"和"赏月"的图式。

又如,"That's not my cup of tea"是一个英语成语,同英语文化密切相关,应意译为"那不合我的胃口",若是不了解英语的文化习惯,对该成语进行直译,则会偏离其本义。实践证明,知识面窄,缺少相应的文化背景知识,是阅读理解的一大障碍,以至于有些学生一看到自己所不熟悉的题材就产生了先入为主的畏难心理。这种潜在的心理干扰了正常的思维活动,从而影响了学生自身能力的正常发挥。

(二)重语言表层结构,轻篇章整体意义

传统的英语阅读教学理论认为,阅读理解的关键是词汇,学习的主要目标是语法、词汇及语言知识等。这种方法把完整流畅的语言分割和肢解成片段教学,忽视了对整体篇章意义的理解。

在阅读教学过程中,教师对阅读材料的细节性解释占去了阅读课的绝大部分时间,在讲解中教师还生怕有所遗漏,对所有语言点,所有信息不分主次,平均用力,而且由于关键点未被突出强调,它阻碍学生进行整体阅读,很少系统地训练学生掌握一些获得词的逻辑意义和技巧,忽视对学生进行略读、寻读以及猜测词义等能力的训练。这和传统的语法翻译教学法的一度盛行不无关系。常见的问题是不少学生在阅读时,潜意识地进行逐字逐句的默读或心译,生怕漏掉一个字。这种过于求全求细、"只见树木,不见森林"的方法,主要是沿袭传统精读教学每句必细读、必精解的习惯,其结果一方面影响了阅读速度另一方面读完之后脑子里杂乱无章,无法记忆或复现文章中的主要信息和重要细节,更谈不上彼此之间建立有机的联系。常有学生抱怨说,几乎每个单词都认识,可就是不理解文章意思。原因在于他们不知道如何在阅读中进行积极的思维活动,不懂得怎样

对后续信息进行内容预测、结构预测、词汇预测等。

（三）以教师为中心的讲授式教学，忽视学生在教学中的主体地位

过去的教学中，普遍是以教师为中心的讲授式教学，忽视学生在阅读中的主体地位。就英语阅读教学的整体情况来看，学生的英语阅读能力并不尽如人意，其中一个重要原因是学生未能积极参与阅读教学过程。目前的英语阅读教学仍以传授语言知识为主，阅读教学是以教师为中心的讲授式教学。按照这种方式，教师在课堂上一味地讲，黑板写得满满当当，成为课堂的主宰，而学生则在下面拼命地记笔记，被动地模仿、记忆和进行古板的、孤立的、教条式的句型操练及单句翻译。在这种情况下，学生参与课堂活动的意识淡薄，并且容易产生厌倦心理，对学习英语失去兴趣，课堂气氛也显得非常沉闷。这就严重挫伤了学生的学习积极性，他们就不会积极主动地参与到课堂教学活动中，不少学生听课时心不在焉甚至打瞌睡，以致出现费时低效的现象。如果不从根本上改变这种现状，必然会导致学习者在课内没有主动阅读实践的机会和课后缺乏自我阅读的动力。

第二节　阅读教学的几个重要环节

英语阅读课是英语系列课程中的主课，处于重要地位，特别在英语学习的基础阶段非常关键。著名教学法专家李观仪曾经形象生动地比喻道："语言基础好比大树的根和干，有了根和干才能枝繁叶茂。"20 世纪 80 年代以来，国外许多学者都强调语言基础的重要性。他们认为，学生必须有一个最低限量的词汇、语法和语音知识，否则就无法顺利完成交际。而学生的语言基础及语言的进一步发展在某种程度上取决于阅读的作用。

根据目前关于阅读课课型的一种观点，阅读还是一门综合课，它不仅可以帮助学生打好语言基础，培养其较强的阅读能力，还兼顾学生一定的听、说、写、译能力的培养。可见，阅读作用很关键。要发挥阅读在英语教学中的重要作用，以"质"带"量"，不断改进教学方法，提高阅读教学的效率和质量是唯一的出路。

下文拟就英语阅读教学中几个关键环节具体陈述。

一、重视阅读前的预热环节

将一篇文章展现给学生并不意味着能自然引起学生的阅读欲望与兴趣，而

阅读前的预热环节则能激发学生的阅读兴趣,引导学生逐步学会阅读技巧,进行有效阅读。实践证明,阅读前的预热活动是行之有效的。

现代图式理论对图式和阅读理解的关系所进行的研究为阅读教学提供了很好的借鉴。所谓图式,即记忆中的知识结构。这里的知识结构既包括文化背景知识,也包括词汇和语法等语言知识。在阅读过程中,图式被激活,并与文章中的知识有意义地联系起来。如果读者脑中缺乏相应的图式,或未能将其激活,理解就会受到影响。可见,阅读前的预热活动就是激活相应的图式或向学生提供其脑中所缺少的图式。

关于语言能力和阅读理解的关系,语言能力是阅读能力的重要组成部分;成功运用阅读技巧和方法必须具有最低限度的语言能力。因此,语言知识也是阅读前预热环节的必备因素。

论及语言能力问题,有必要将其与语言知识和交际能力划清界限。这里所说的转化,是指系统和反复的练习与实践。因为语言知识仅仅是语音、词汇和语法方面的知识,单纯的语言知识是无用的,外语教学质量主要以学生的语言能力而不是根据学生的语言知识的多少来衡量。语言知识和语言能力之间是相互制约的关系。一方面,语言知识是形成语言能力的前提和构成要素;另一方面,语言能力离不开语言知识的指导,没有必要的语言知识,就没有语言能力。由此可见,掌握一定的语言知识十分必要,但是掌握语言知识并不等于获得语言能力,两者之间不能画等号,而是需要一个转化。上文中关于图式的知识结构,提及了它包括文化背景知识和语言知识。这里的语言知识其实包含了语言能力的含义,或者说,在某种意义上指的就是语言能力。

交际能力不等于语言能力。语言能力只是对语言知识的纯技巧性掌握,而交际能力则是运用功能知识在实际中运用语言的能力,是学生对语言的最根本掌握,也是外语教学的终极目标。所谓功能,是指语言所体现的交际作用。交际需要以功能知识为基础,通过语言能力才能实现。单纯的语言知识和语言能力不能进行交际。

上文从理论角度探讨了阅读前预热环节的重要性,下文将逐一论述阅读教学中的相关技巧。

二、重视文化背景知识教学

语言的发展告诉我们,语言和文化有着密不可分的关系。语言深深地扎根于文化中,任何语言学习者都无法忽略语言对社会文化的影响,也不能不利用社会文化知识来达到一定的交际目的。语言是文化的重要组成部分,社会文化依托语言这一重要媒介得以发扬、传播,语言作为特殊的符号系统,它鲜明地体现了文化的特质,其多样性体现了文化的多样性。

学生置身于英美等以英语为母语国家的文化氛围之外,对其社会文化了解相对较少。他们面对一篇陌生的课文,犹如面对一个陌生人,如果没有介绍其姓名、身份、来自何处以及目的等,是很难对他产生兴趣和了解欲望的。没有必要的文化背景介绍,学生很难对一篇陌生的课文产生兴趣和了解其精神实质的欲望。必要的文化背景介绍不仅可以激发学生的好奇感与兴趣,使他们产生读的欲望,积极地投入到课文学习中,还可以使他们准确地把握文章要旨,对课文深入理解。

在教学中,对文化背景知识的介绍在注意学生可接受性的同时,应采取借题发挥等灵活多样的方式进行激发与引导。在讲解一篇新课文之前,教师可根据标题、作者生平或课文主题等一切可以激发学生兴趣的题目进行发挥,使其对课文产生兴趣,从而产生"读"的欲望。

(一)图画导入法

图画导入法又叫直观导入法,用课文插图、教学挂图、教学图片、幻灯图片、自绘水彩画、粉笔简笔画等导入新课,直观形象,深受学生喜欢。哈德逊曾对图画在阅读理解导入的作用进行了实证性研究。他把学生按照水平分为高、中、低三级,每一级又分为三个组,第一组采用图片作为阅读导入手段,第二组采用关键词作为导入手段,第三组不采用任何手段。结果表明,采用图片作为阅读导入手段显示出了较好的效果,尤其是对中级和低级两组的学生有更大的帮助。这个实证性研究结果说明,图画导入法有助于学生对文章内容的理解,尤其对英语低年级学生效果更加明显。

(二)借题发挥法

借题发挥法依照某一种态势,因势利导地推出公共关系策划。运用借题发挥法能很快把握文章主旨,明确文章的立论方向,准确把握与理解文章局部内涵。运用借题发挥法要掌握两个要点:一是"借题";二是"发挥"。在阅读教学实践中,借题发挥法的范畴非常广泛,只要有利于阅读理解,就可以借文章的暗示,调动一切方法刺激学生的阅读欲望,激发他们的热情。此外,引人入胜的文章开头、出人意料的结尾和文章的时间顺序等,都是借题发挥进行提问的好素材。借题发挥式的提问有两个优点:其一,有利于学生对全文大意的理解;其二,有利于激发学生的阅读兴趣,可以从学生阅读的个人兴趣出发,充分挖掘阅读中的兴趣因素,使学生学有所获、学有所感,感受成功的乐趣。

例如,Turning Off T. V. : A Quiet Hour 中有这样一句:Or they might take a walk together "remember feet?" and see then neighborhood with fresh, new eyes。句中似乎没有什么难点,但仔细分析就会发现关键词语"remember feet?"有深一层的意思,有些学生对此并不能从实质上去理解,此时教师应从美国社会现状来解释它的内涵:美国人生活在汽车王国里,他们的生活离不开汽车,很少步行,作者在建议全家人一起去散步时问:"还记得自己的脚吗?"就显得非常幽默。再如,解释 Yankee 一词的含义时,应道出其产生的社会文化背景,即它那非常有趣的来历,甚至可用美国歌曲 Yankee Doodle 来激发学生的兴趣,引导他们对文章进行全面正确的理解,以增强对它的记忆。

从以上实例不难看出,必要的文化背景知识介绍非常有利于激发学生对所学课文的兴趣。这不仅能帮助学生加深对课文主旨的理解,还能扩大其知识面。

英语阅读课本的选材通常融知识性、趣味性为一体,许多文章都含有丰富的文化背景信息。为了通过语言来领略文章所展示的西方社会,不仅在讲解课文之前介绍必要的文化背景知识,还要对个别单句,甚至单词讲解必要的文化背景知识,否则,学生对单句的理解就不容易做到透彻全面,对单词的理解与记忆就会大打折扣,这一点需要引起充分的重视。

三、语言点的处理要科学化

阅读教学毕竟是语言教学,旨在帮助学生打好语言基础,而语言点的处理则是阅读教学的中心环节,这一环节的好坏直接关系到阅读教学的成败。所谓语言点,就是指课文中出现的要求学生熟练掌握的关键性词汇、短语和句型。语言

点的处理所采用的教学方式应科学化,应遵循省时、省力和恰到好处的原则,易于学生掌握。具体步骤如下:

(一)分清主次,选好语言点

所谓语言点,是指语法点、习惯用语和口语表达式,它们常常构成听力理解的障碍。应根据语言点的积极程度及学生的实际接受能力选定适量的、最常用的、容易出错的、要求确切掌握的常用词、短语及句型,而将其他的一语带过或仅作简单交代。例如,interesting 和 interested 这两个词学生都非常熟悉,但在实践中并不一定用得准确,类似于这样的语言现象可选定为语言点。再如,在 A Brush with the Law 一课的众多语言现象中,可选 make,due,take one's time,commit,far,turn out,regard...confirm,given,revolve around 和 turn against 作为语言点详细练习,而将其他语言现象根据情况略加训练。

(二)语言点的释义要确切,教学要精讲多练

精讲多练原则是提高课堂效率的有效办法。语言点的讲解与操练一定要本着精讲多练的原则,避免过多地引申、辨析,否则学生会产生迷惑,会束缚与牵制学生过多的精力而忽略了对课文的理解。所谓精讲,即攻破重点难点。容易、易懂的知识点让学生自学或一带而过,这样讲课可以重点突出、简练有节奏,同时培养学生的信心,激发学生的求知欲。所谓多练,即不要一听而过,要边听边做练习。做练习的目的是检查自己到底听懂多少。使学生举一反三,触类旁通,培养学生分析问题和解决问题的能力;对待难点还可以采取演示、图画、计算机辅助等方法,加强直观性、形象性,帮助学生加深理解。有了精讲会省出更多时间实现对语言点练狠、练透,使学生真正掌握。除此以外,在课后练习阶段也应结合语言点反复练习。

精讲要言简意赅,寥寥数语使学生开窍,但又不能讲得过于简单,说理不透,使学生不能全面深刻地理解和掌握。精讲根据课文内容、知识深浅、学生的可接受性及领悟程度而定。精讲还要提取精华,分析精辟,真正体现"成在舌耕,功在思考",让学生确切理解。另外,教师要在有限的学时内加大练习力度,做到练中有讲、讲中有练,根据当堂所授内容,及时练习巩固。教师还要不失时机地抓好学生课堂训练,因为这是完善课堂教学的重要一环,是调节课堂教学机制的重要手段。我们不仅要鼓励学生大胆实践尝试,而且要做到练中有讲,让学生醒悟,

达到强化知识、熟练运用知识之目的。

精讲多练可以极大地发挥学生的主体性,使学生体验到他需要对自己的学习负责,进而产生较强的自主性。但是在课堂上如何取得好的效果,还需在各方面不断探索,如重难点的突破、计算机课件的制作、习题的选编、学生的学情分析等,都需要慢慢摸索,积累经验。

(三)语言点例句的选用应力求实用新颖

例句是语言点教学最基本的材料,对学生来讲,实用新颖的典型例句可接受性强,教学目的容易达到,而任意编造、内容陈旧、缺少信息量与哲理性的不实用例句不但不能激发学生的兴趣,反而会引发他们的排斥心理。例如,What's the point of being a teacher/a millionaire? 就属于缺少信息量、无意义及不实用的例句,而 What's the point of talking to her again? She's already made up her mind. 在信息量、内容及实用性方面比前者就好很多。再如,I didn't know biological science had gone that far. 是一个普通例句。没有什么新颖之处,但如果略微改动就会使学习法律的学生,尤其是学习经济法的学生听起来感到亲切、熟悉,并能激发其兴趣:I didn't know the study of economic law had gone that far.

大学生的心理发展已基本成熟,他们知识面广、求知欲强,有较高的鉴赏力。因此,教师在选用与改编例句时一定要考虑他们的这一心理特征。

(四)语言点的操练形式要灵活多样

在阅读教学中,教师要对文章中出现的语言点进行处理。对于这部分内容,传统的教学法是由教师直接解释每个语言点,给出一两个例句,然后让学生翻译或造句,这样的课堂比较枯燥,学生是被动地接受知识。对此,教师应认识到,学生更倾向于主动积极地接受新东西,在讲解语言点前,可以将学生必须掌握的语言点呈现出来,设计一些具有交际性的教学活动,使其积极投入语言点的操练中。

灵活多样的操练会带来生动活泼的教学效果。"灵活多样"指的是语言点的操练不拘泥于某一种或几种操练形式,而是根据学生的实际水平和接受能力采用多种形式交替反复使用。在教学实践中,既有英汉互译这种传统的操练形式,或选择填空、正误对比等比较机械的练习形式,也有情景造句、提问回答、连词成句,甚至连词成篇等较为灵活的形式。充分调动学生的积极性,增强语言操练的生动活泼,避免操练的机械枯燥性。遵循"灵活多样"原则,可以改变传统的语言点教法,无形中教给学生自学的方法,使他们自觉接受知识的空间更大、广度更深。

在阅读教学中,把语言点讲清、说透,并使学生能灵活准确地使用,是提高教学质量的关键。教学实践表明,要想真正地把语言点讲清、说透,需要注意使巧劲,即灵活多样。随着知识的积累,学生会见到许多形式相似、意义相近的短语,结果不可避免地产生一些模糊认识。所以,教师很有必要采用对比法,通过叙述或描述两种或两种以上的相关事物之间的相同(相似)的地方或不同之处来表达主题。在适当的时候把一些容易混淆的语言点进行对比,使其明晰化和具体化。例如,a number of 和 the number of 这两个短语便是这类短语中的一对。首先它们所表达的意思不同。前者表示"几个",而后者表示"达到……的数目"。I have a number of good friends.(我有几个好朋友。)和 He didn't know the number of the people attending the exhibition.(他不知道光顾这个展览的总人数是多少。)两者的句义大相径庭。再如,used to 和 be used to 这组短语,它们在意思、时态和结构方面都截然不同。为了使学生更清楚地理解和准确运用,教师可以有意识地把这两个短语放在同一个句子里,让学生观察、体会它们的用法:The old woman used to live in the countryside whose surrounding was quite used to her.(那位老太太过去住在乡下,她很习惯那里的环境。)/I used to live in the south. I'm living in the north now and I haven't been/got used to the climate here.(我过去住在南方。可现在我住在北方,这里的气候我还不太习惯/适应。)

学生通常是通过学习课文和做练习来掌握语言点的,这种学习的零散性很有可能造成学生在运用知识时的片面性。采用归纳法进行语法教学时,教师先让学生接触一定数量的、具体的语言实例,学生在理解句子结构和意义的基础上,进行大量的句型操练,在适当的时候把一些零散的语言点相互关联,使其系统化、网络化,这有助于学生更好地掌握和自如地运用学过的知识。例如,在归纳总结 make 这个动词时,除了说明这个词的主要用法和特点以外,还要注意归纳已经学过的习惯短语。例如,make a mistake(犯错误),make a living(谋生),make a speech(讲演),make a noise(吵闹),make a decision(做出决定),make a call(打电话),make an excuse(找借口),make a face(扮鬼脸),make a sentence(造句),make a promise(许诺),make a fire(生火),make fun of(取笑),make peace(讲和),make friends with(和……交朋友),make progress(取得进步),make...out of(从……制取),be made of/from(由……制成),be made up of(由……组成)等。

面对上述问题,教师应遵循灵活多样的原则,采用对比法和归纳法,使学生能够正确理解其差异和相互联系,以便熟练恰当准确地掌握和运用这些短语。

此外,教师还应特别注意学生的学习个性,充分调动其自主学习的积极性,让他们主动地学习语言点。教师在讲解语言点前,可以将教学大纲要求学生必须掌握的语言点简单地呈现出来,然后让学生利用自己的工具书对这些语言点预习。下一节课,教师可直接给出一些习题,让学生分组做题,与学生共同分析,评出优胜小组,最后教师再对语言点进行归纳总结。习题的形式可以多样化,比如选择、造句、改错、翻译等,而且教师可以根据相关的语言点,根据语言实际应用列出重点,在学生答对后,及时进行鼓励。如此一来,学生的积极性就会大大提高,同时也能帮助学生克服英语学习的恐惧感。

"学生自主学习语言点"这种方法改变了传统的语言点教法,教给学生一些自学的方法,使他们养成自主学习的好习惯,在主动积极的状态下打好语言基本功。

四、重视语篇教学,培养学生的语篇理解能力

语篇教学是以篇章语言学理论为基础、由国外传入我国的一种较新的教学方法。它的注意力主要在"篇",而不在"句",目的在于培养学生通览全篇的能力。

语篇分析在阅读教学中具有非常重要的作用。从教师的角度看,由于传统理论强调从音素—字母对应、词组—句子对译关系着手,语言点讲解往往不能紧扣上下文,即不能紧扣语篇语境作全面的分析。从心理语言学角度看,阅读实际是交流的互动过程,英语阅读其实就是对语篇的积极询问,是读者与作者进行积极双向交流活动的一个互动过程。作者通过语篇展现其信息编码,而读者通过解码来获得语篇的含义,因此,在此过程中,学生应充分发挥主观能动性。

　　由于语篇教学法的重点强调以学生为主体,学生必须参与分析、推理、归纳、总结等认知过程。在教学实践中,根据篇章语言学理论,教师应引导学生根据标题预测大致内容,在预读的基础上回答一些启发性思考题。在正常课文教学的同时,选择学生感兴趣、融知识性和趣味性为一体的、可读性强的课外阅读材料让他们阅读,让学生感觉阅读是一种享受,不是呆板地"读",而是"欣赏"文章。教师要在教学过程中,注意培养学生的阅读习惯,克服疲劳和倦怠心理,改正不良的阅读习惯。在英语教学过程中,培养学生的阅读习惯,是加强素质教育,提高英语水平的有效途径。

　　篇章语言学理论赋予阅读教学深刻的理论内涵,将语篇分析和阅读教学紧密联系在一起。它帮助学生在阅读过程中从被动转向主动,同时帮助教师在教学中从单向交流转向互动交流,从而在教学中实现语言单位从句子到语篇的认识,为阅读教学提供了具体方法上的借鉴。

　　上述表明了语篇在交际中的重要性,即它在交际中有时比句子的准确性更重要。句子层次的语言训练是为语篇层次做准备,缺少这种准备,语篇水平上的交际就无法进行。所以,阅读教学要两手抓,在打好学生语言基础的同时,一定要重视语篇教学,培养学生语篇水平上的交际能力,否则,学生在交际中就会处于被动。

　　阅读作为英语课程中的重要组成部分,理应担负起培养学生语篇理解能力的任务。在教学实践中,应从"衔接"与"连贯"这两个理解语篇结构的必要手段入手,了解句子之间、段落之间的相关意义及逻辑关系,使学生从中体会语言基础现象所表现的交际功能,并在语言交际的动态环境中打好语言基础。这样做不但可以使学生掌握句子和语篇结合所表达的整体意义,把握全文的篇章主题和中心思想,还可以培养和提高学生的分析、归纳、综合的推断能力,通过增强他们对语篇表层衔接手段的意识和敏感度以及对深层语义关系的逻辑判断力,最终获得语篇理解能力,达到获取语篇水平上交际能力的目的。

　　以上四个环节是阅读教学中的最关键环节,决定着阅读课的成败。除此之外的其他环节也应注意。例如在练习阶段,教师怎样避免充当核对答案的角色等,都是非常值得研究的。另外,许多微型教学技巧,如语言的解释方式、启发式的提问、操练实践生动有趣与活泼等,都对阅读的教学效果起着重要作用,值得广大英语教师不断地研究与实践。

第三节　英语阅读教学改革及相关理论依据

一、图式理论与阅读教学

图式是大脑为了便于信息的储存和处理,而将新事物与已有的知识、经历有机地组织起来的一种知识表征,是相互关联的知识构成的完整的信息系统。

(一)图示阅读理论

图式理论在语言教学的许多领域都有运用的空间,按照这种理论,所有的知识都能组成一定的单元,这种单元就是图式。这些图式在人的大脑中形成一个庞大的网络系统,并随着人的阅历、经验的丰富得到补充和扩展,并不断为读者提供一种参考,有助于读者对阅读篇章的联想、制约和理解。根据这些理论,我们在阅读语篇时,一方面,可以借助想象,借助已有的知识,亲身体验、理解各种事物,不断地丰富和构筑作品的内涵和理解;另一方面,阅读语篇时,我们由眼前能够感知的事物回忆起不在眼前的有关事物,通过比较分析来开发语篇所蕴含的意义。换句话说,由于文字的引导,激活了我们头脑中的各种图式,使我们产生了回忆和联想,语篇的信息和意义从而得到新的排列和组合。

图式阅读理论认为,在阅读时要正确理解文章,必须具备两个条件:一是读者需具备与文章相应的图式;二是读者在阅读过程中能成功地激活该图式。根据图式理论,决定阅读能力的三种图式是语言图式、内容图式和结构图式。语言图式是指读者对构成阅读材料的语言的掌握程度。内容图式是指读者对文章所讨论的主题的熟悉程度。结构图式是指读者对文章逻辑结构、修辞方面的知识的了解程度。在阅读过程中,大脑中的三种图式分别与文章的语言、内容和结构相互作用,从而产生了对文章的理解程度。

运用图式理论研究阅读,强调的是背景知识在阅读理解中的作用,对文本的理解不再被视为作者对读者的单向作用过程,而是一个复杂的作者的语言与读者头脑中的图式(广义的背景知识)相互作用的过程。语篇理解并非语篇在读者心中直接内化的过程,它是读者与作者、语言与思维、语言与情感、语言与想象等一系列活动相互作用的动态过程。语篇理解过程中,读者会随着自己的思维轨迹,将语言知识与自身经验的不同层面相连,激活记忆库中的知识——图式,以此预测、推想、判断语篇的意义,逐步完成语篇和读者之间的调和、修正。图式论强调的是一种关于人的认知的理论,它较为全面地解释了阅读过程。

美国著名小说家海明威曾把文学创作比喻成漂浮在大洋上的冰山,看得见的只是露在水面上的八分之一,而隐藏在水下的则是八分之七。这露在水面上的八分之一就是用文字表现出来的生活画面,犹如晶莹透亮的冰山,生动逼真,给我们创造一种意境,引发我们去思考,去想象水下的八分之七,然后在强烈的感受中作出自己的推理,得出自己的结论,提升自己的认知。也就是说,读者在阅读过程中要利用自己记忆中的各种图式,诸如对事物的观点、信念、态度、兴趣以及对世界的认知等作出联想、解释、评论、校正、推断,以达到对语篇真正的、合理的理解。

有些专家把图式比喻为"the recording and storing function of a computer"。这些图式在人的大脑中形成一个庞大的网络系统,其主图式、子图式纵横交错,大小、层次、经验、知识各不相同,且具有浓厚的文化特色和很强的学科色彩。这些图式随着读者视野的开阔、经验的积累而不断得到扩展和修正,并不断为读者提供一种参考,以助读者对阅读篇章的联想、制约和理解。这些图式对篇章所形成的某些制约即为背景知识在阅读理解中的作用。读者背景知识越丰富,对篇章的联想和理解就越准确。

(二)图示理论对教学的指导意义

由于人们的文化背景、对事物的体验、感知能力、推理能力、信息的提取能力不同,其自身对语篇所建立的内容图式不尽相同。不同语言的人们在认识事物、形成概念时的认知亮点是不一样的,认知亮点的不同必然导致不同的思维模式,不同的思维模式又必然导致不同的语篇理解。教师在教授语言知识的同时,要不时地启发学生的思维模式,尽可能多地让学生掌握不同文化背景下的认知视点,在建立语言图式的同时建立内容图式,使学生更好更快地理解语篇的真正的、丰富的含义。

1. 课堂教学中渗透文化背景知识

背景知识在阅读理解上起着不可忽视的作用。背景知识的学习能激发学生的思维和想象,调动学习兴趣,有助于教师活化教材,扩大学生的知识面。在课堂教学中,教师应该充分利用现有的教学条件,如地图、画册、书刊、录像、幻灯片,向学生介绍语言文化特色和交际方式。在阅读开始前,讲解一些关于该材料的背景知识。阅读时如缺乏与文本相应的图式知识或不能成功地激活图式,阅读理解就会受到严重影响。而在阅读过程中不能成功地激活与课文相应的图式有两个方面的原因:一方面,作者在课文中没有提供充足的线索,使阅读者不能成功地激活自己已具备的图式;另一方面,阅读者本身不具备与课文相关的图式。因此,在阅读中要重视心理因素和文化背景知识,以求达到最佳的理解效果。

在教学过程中,教师如果发现学生完全没有与篇章有关的某方面背景知识,则应直接向学生提供这样的背景知识。例如"Being a teacher is being present at the creation, when the clay begins to breathe."学生感到难以理解。此时,教师将《圣经》上所载的"人是由上帝用泥土捏出来的"这一说法直接告诉学生:"According to the Bible, God created a man out of clay and gave him life by breathing the breath of life into his nostrils. What this sentence implies is that while the parents give the student the body, it is the teacher who helps to mould his character."这样一来,学生不仅理解了这句话,同时还建立了新的图式。

阅读教学中要适时地、充分地调动学生的图式知识,既强调"激活"已有的图式知识,也重视构建新的图式知识。在激活已有图式知识之前,教师要清楚地了解学生头脑中是否有与文章相适应的语言及文化背景等知识,以便适时补充。可针对各单元阅读课文的内容,有的放矢地选择与阅读材料配套使用的图片、教学光碟,或准备与材料相关的幻灯片、实物、影片、事件等向学生介绍背景知识,逐步引入课文话题,让学生适度了解话题内容,激活学生已有的、与课文相关的知识网络,使学生产生阅读课文以了解更多信息的愿望,为下一步教学铺平道路。在阅读过程中,教师应教会学生"read between lines",读者之所以理解读物,是因为他们能把视物透过其文字,与记忆中已存的相应概念联系起来。阅读的技巧就在于语言知识与图式知识有效地相互作用。

2. 举办英语文化背景知识讲座,开展与文化背景知识相关的活动

不定期地举办英语文化背景知识讲座,介绍中国与英语国家的社会、文化和

生活方式的差异与特点。开展与文化背景知识相关的英语活动,如英语演讲比赛、戏剧表演、英语之角、圣诞晚会、英语知识竞答等,寓教于活动中。

3. 结合词汇教学,加强背景知识的了解

词汇是语言的心脏,它包含三种意义:词汇意义、结构意义以及社会文化意义。

根据图式理论,词汇的语义外延极大地妨碍着学生对语篇的理解,因此,一方面,要使学生在词汇学习中获取其外延意义;另一方面,要通过不同的题材,认识把握语篇类型特征与相应的认知图式以及阅读技巧的运用,提高对语篇的理解能力。绝大多数词汇蕴含着大量的背景知识,教师要善于向学生传授其社会文化意义,帮助学生理解和记忆。语篇理解是一个错综复杂的认知心理过程。但只要我们为此创造一些必要的先决条件,即掌握不同层次的图式知识,不断激活储存于大脑深处的各类知识,领会作者的思路和创作手法,把握文体风格,把握语篇的整体精神,促使语篇意义的显现,使作者与读者之间有一种默契的配合,最终达到对语篇理解的豁然开朗的境界。阅读前,教师有意识地仔细选出关键词语,注意少而精,发动学生讨论,并因势利导,发挥他们的想象力,把他们的思维引至文章的脉络上。

比如,学生要阅读一篇有关"剽窃"的文章,不妨先把 plagiarism,copyright,acknowledgement,documentation 写在黑板上,同大家一起讨论。What is plagiarism? How many types of plagiarism? 在讨论的基础上总结 accidental plagiarism,intended plagiarism 和 plagiarism through ignorance。接下来讨论 acknowledgement,documentation 的意义及其与 plagiarism 的关系,然后再开始阅读。这样既能引起读者的兴趣,提高理解效果,还能使他们得到某种满足。因为读前讨论实际上是对文章内容的预测,当他们发现自己的预测得到证实时,那种欣喜之情是不难想象的。

4. 改述法

在阅读教学中采用改述的方法,既可以帮助学生理解语句和语言现象,又可以培养他们的表达能力。它有助于教师检测学生是否理解原文,也是训练学生用不同表达方式表达同一概念,从而扩大他们的图式的一个好办法。一种简单又有效的改述方法是要求学生在完成对篇章的理解之后,自己用完整的句子、简

练的语言写文章小结。写小结不但为学生提供阅读理解和写作的综合性训练，帮助学生理解原文，还可以帮助学生分清文章的要点与细节。

许多专家、学者及研究者在对图示理论与阅读理解进行分析评述后，一致认为，阅读理解并非简单、被动的解码过程，而是信息输入和阅读者之间的一个相互作用的过程。在该过程中，较之阅读材料的语言难度，阅读者原有的知识结构——图式更重要。图式在阅读过程中具有预期功能、处理功能和巩固功能。因此，在外语阅读教学中，建立新图式、激活原有图式和巩固、拓宽相关图式显得非常重要。另外，适当图式的存在并不意味着它能在阅读中发挥作用，关键在于将其激活。学生激活相关图式产生困难的原因主要有：文章提供激活图式的线索不够，学生不具备相应的基本图式（由于文化差异或学科差异等原因）等。针对这些原因，教师可采用与学生讨论阅读的元认知问题、略读问题、背景知识介绍、关键词汇介绍、文章题材介绍分析、插图的运用等手段来激活（或启动）原有图式。

（三）在阅读中培养学生图式策略

除以上笔者提到的具体阅读教学中的措施外，教师还可以借助图式策略对学生进行训练，使之在今后的阅读中成为理论与实践相结合的真正受益者。

1. 为学生创造修辞方面的图式知识

随着学生学习的日渐深入，他们会遇到一些修辞。同汉语一样，英语中的修辞格给文章增添了生动性和活力。但是由于英汉两种语言之间的差异，学生缺乏必要的英语修辞格知识。因此，为学生创造修辞方面的图式知识是非常必要的。在"My First Job"一文中，作者在描写校长第一次见到"我"时运用了修辞格，将校长当时的神态栩栩如生地呈现在读者眼前。文中这样写道："He looked at me with an air of surprised disapproval, as a colonel might look at a private whose boot laces were undone."这话包含了两个修辞格，其一，明喻，用 as 作比喻词，对此学生很容易理解；其二，转类修饰语，英语中称之为 transferred epithet，学生对此非常陌生。因此，教师有必要向学生介绍这种修辞格的定义和特点，指出该修辞格与汉语中"移就"修辞格的相似性。经过讲解，学生很快就能理解文中 surprised disapproval 这一转类修饰语修辞格的含义，从而领会了上面一句话的含义是 The headmaster looked at me in disapproval mixed with surprise.

2. 培养学生运用结构图式理解文章的能力

当文章出现在读者面前时，读者不仅需要足够的语言知识，还要有相关的背景知识和社会生活经验去填补作者句子间信息的空白，进而理解文章的含义。阅读是读物内容与读者背景知识相互作用的过程，而阅读理解则是读者利用自己的背景知识（含语言知识）对读物内容进行思维的过程。因此，提高学生阅读能力必须从以下方面入手。在教学活动中，教师不能仅局限于向学生传授语言知识（语音、语法、词汇知识以及诸如文体、结构、修辞等篇章知识），而应该结合学生的认知水平，多介绍一些英语国家的文化背景知识（如历史、文学、生活方式、民俗、价值观念等）。持之以恒，必能有效地增加学生的图式知识积累。

依据图式理论关于阅读能力结构的观点以及语言能力培养的基本规律，对文章的理解仅仅停留在词汇和语法层次是不够的。即使学生对单个的词、句有了较正确的理解，也无法保证其对整个阅读材料语篇层次上的理解。整体阅读能力的培养要求教师对阅读材料采取多角度、多方位、多层次的分析方法，以便系统地、综合地理解与把握篇章的有机组成部分。在教学中，教师应向学生介绍阅读材料的文体结构与语篇的组织形式，引导学生运用标题、语篇标记和关键句识别文章结构，把握段落间的逻辑关系和整篇文章的全部内涵。再以"My First Job"为例，作者在叙述和描写时是依次按照时间的先后顺序逐层展开的。在这篇文章中，理解了段落与段落之间的意义就能很好地理解作者在遣词造句、选材、取景上是围绕其第一次寻找工作的经历"越来越糟"（going from bad to worse）的情况层层递进地进行叙述的：从开始作者抱着侥幸的心理申请工作，到接到面试通知去面试，到看到学校的情况、看到校长，到与校长面谈，到知道授课对象、所授课程，到得知薪水情况。全文最后一段以 This was the last straw 将故事推向高潮，并以 I was very young: the prospect of working under a woman constituted the ultimate indignity 作为故事的结局。通过语篇分析，学生在阅读时能够做到思路清晰，主题明确，大大提高学习兴趣。

二、建构主义理论与阅读教学

基于建构主义理论基础的英语阅读教学强调以学习者为中心，引导学生积极构建发现式或探索式学习，有利于学生应用已有的知识对新信息不断同化和顺应,主动地建构知识,学会学习。建构主义教学观和学习观作为认知领域崭新的理论对阅读课程乃至英语改革都有重要的借鉴意义。

(一)建构主义的学习观

建构主义学习理论认为学习是一个积极主动的建构过程,是学习者利用必要的学习资源、在一定的社会文化背景下,在与他人的交际过程中产生社会互动的结果。因此,建构主义强调了学习的主动性、情境性和社会性。首先,知识并不能简单地由教师或其他人传授给学生,而只能由每个学生依据自己已有的知识和经验主动地建构。其次,学习活动应当在一定的情境中进行,学习的本质就是借助学习情境,实现学习者对知识意义的主动建构。此外,学习也是学习共同体合作建构意义的过程。

(二)建构主义的教学观

基于对建构主义学习观的分析,建构主义提出了与传统教学方式迥然不同的教学观。教师应当起脚手架的作用,当自主语言学习过程中需要帮助时,教师应提供必要的支持;随着学习者自主能力的不断提高,可逐渐将脚手架拆除。教师不再是知识的传授者与灌输者,而是整个教学过程中的组织者、指导者、发现者、意义建构的帮助者以及学生自主学习能力的培养者。教师应利用情境、协作、会话等学习环境充分发挥学生的主动性、积极性和首创精神,要真正做到因人而异、因事而异、因地而异、对症下药,最终实现学生对所学知识意义成功建构的目的。

建构主义不仅强调学生知识体系的建构,还注重学生建构知识的能力以及获取诸如研究或使用技术方面信息的能力。传统的英语教学是"教师灌输式",基于建构主义的学习观和教学观之上的建构主义的教学模式强调学生是认知的主体,教学要以学生为中心,教师只是扮演"导演"的角色。在教学中,教师要重视学习环境的设计。自20世纪90年代以来,建构主义设计了许多创新性的学习环境,如抛锚式教学、支架式教学、交互式教学等。总之,以建构主义为基本理论假设的教学设计模式给英语教学带来了革命性的发展。

(三)以建构主义为理论基础进行阅读教学

1. 创设情境,激活图式

建构主义认为学生要积极参与意义的建构,阅读学习不是对学生在记忆资料方面进行训练,而是让他们学会以各种方法使用所学知识,是一种技能提高、知识积累的过程。教师的重要任务之一就是帮助学生建立或激活所学知识,然后激发学生进一步思考。总之,教师应该着力扩大学生背景知识,以激发学生阅读兴趣,减轻学生的理解负担,建构新图式。

2. 搭建支架,训练技能

支架式教学是建构主义的一种重要教学模式。教师围绕主题建立一个相关概念的框架,通过该框架引导学生学习相关的新知识,就像沿着脚手架向上攀登一样,使学生掌握、建构和内化能使他们进行更高水平的认知活动的技能。

3. 策略训练

阅读中常用的策略有推断、归纳、利用背景知识。推断包括推断词义、句子隐含义等,为使学生掌握这一技能,教师需引导和监督,而对于一些有深刻隐含义的句子,教师可给予一定提示。利用背景知识来帮助理解课文是阅读中要掌握的另一重要策略。这应和了建构主义关于意义是建立在新旧知识相互作用的基础上的观点。有些课文内容扎根于英美文化的土壤中,这需要教师不断地帮助学生建立新的图式,即建立相关背景知识。

建构主义认为,学习过程不只是点滴知识的简单积累,而是与人类思维方式循序渐进的发展过程密切相关的。外语教师在具体设计课堂模式时,应随着学生水平的提高力求体现方法和形式上的变化,即将思维发展及其与语言、环境的关系和学习过程有机地联系在一起。在阅读课上,要使学生独立进行更高水平的认知活动,即提高其认知能力,对文章内容、作者观点等表达自己的见解。其方法是:

(1)教师向学生提出的问题要有利于促进学生认知能力的发展而非纯知识性提问。

(2)培养学生的发散性思维。

4. 互动学习,知识共享

维果茨基认为建构主义的学习应该是一种社会性、交互性的协作学习。知识不仅是个体在与物理环境的交互中建构起来的,而且社会性的交互协作更加重要。在英语阅读课堂上,教师应该为学生提供有利的多向协作互动的学习环境。首先,教师要通过师生间的情感交流,达到亲其师、信其道的效果。其次,要强化生生互动,建立合作与竞争的生生关系。学生与同伴之间合作互动能引起学生智力的相互激发、情感的相互感染,这种师生与生生的互动也有利于学生的意义建构和学习自主性的培养。

5. 注重阅读课堂上口语表达的作用

建构主义倡导发现学习和探索学习,口语表达可以使学生根据问题进行探索、综合并整理他们的观点。师生之间、生生之间可以分享那些与阅读材料相联系的思想和观点。教师可以设计一些口语表达的课堂活动,如课下查阅资料回答教师提出的问题。学生要积极主动地通过互联网或其他途径查阅与教师所提问题相关的材料,归纳总结,然后形成自己的观点,在小组间或师生间分享自己的观点和心得。这样既可以扩大学生的阅读量,提高自己动手探索学习寻找解决问题和归纳总结的能力;又可以锻炼口语,让学生有一个展现自我的空间;还可以让学生组成小组,讨论阅读材料,共同分享其观点。

6. 注重阅读和写作的关系

阅读和写作通常被看成是两个不同的过程,但这两者从建构主义出现就结合在一起。与作者一样,读者与自己所读内容始终通过不间断对话的方式来构建意义。阅读和写作应该是互补的关系,写作可以帮助读者更好地理解文章,阅读可以扩展写作的视角和广度。所以,教师可以设计一些把阅读和写作联系在一起的活动,例如:

(1)概要写作。通过写出一篇课文的概要,证明学生的阅读知识和理解深度。

(2)自由写作。在课前或在课堂上给定时间,让学生连续进行写作的活动,因为写作是一种复杂的意义构建和再现的过程,学生必须调动更多信息,有利于对阅读材料的理解、欣赏和内化。

三、元认知策略与阅读教学

元认知策略、认知策略、记忆策略和交际策略等是学习策略的几大要素,国外研究认为,学生能否掌握并恰当灵活地运用学习策略将是关系到他们英语学习成败的关键因素。元认知策略可以协调各种学习策略。研究表明,元认知策略是可教的,而且是可以学会的,它不仅用于听力教学过程,同样适用于阅读教学。一旦学会,学习者便可以运用到新的学习环境中,学生越早获得这些策略,受益时间就越长。例如在阅读过程中,你突然意识到自己并未理解刚刚读过的东西,便会重新阅读它,并且重新考虑究竟什么地方不理解。在阅读教学中,指导和培训监控调节策略会增长元认知体验,丰富元认知知识。

在阅读过程中,常见的阅读模式包括"自上而下"的模式和"自下而上"的模式以及两种模式相互作用的模式,即"综合或交替"模式。所谓"自上而下"的模式,是指读者在接触到阅读材料时,其中的标题、字、词、句子、图表甚至某个符号都有可能激活大脑中某些相关知识,从而使读者找到阅读定位,并形成对所读内容的预测。"自下而上"的模式则强调输入材料中的语言信息,并从最小的语言单位入手,对信息进行加工处理。由于两种模式各自的局限性,则出现了"综合或交替"模式,它强调两种阅读模式同时或交替出现在阅读中,无论哪种模式,每一过程都离不开阅读者已有的背景知识的参与和应用,更离不开阅读者依据所读的上下文而进行的假设、预测、验证、确定等大量而复杂的逻辑理解活动。

阅读理解的过程实质上就是元认知活动,具体来说,阅读中常见的元认知活动包括建立阅读目标,根据目标调整阅读策略,评价阅读材料,弥补理解失误,评估理解水平等。因此,一个有效的阅读过程既是一个认知过程,也是一个元认知过程。在阅读过程中,元认知对阅读理解的影响主要通过三种方式体现出来:计划、监控、评价。

(一)计划

在实际阅读教学中,元认知策略的训练不可忽视。计划阅读活动开始时,教师应首先提出阅读要求,指定阅读计划,包括阅读目标、阅读的步骤、时间的安排或阅读的方式。

不同的文章应采用不同的阅读方式,如跳读、略读、细读等。我们一般教给学生"SQ-3R 五步阅读法",即:

第一步,survey(浏览)。对文章的主旨有一个大概的了解。

第二步,question(问题)。要求学生根据初步获得的信息设置一些问题。再带着这些问题去阅读。

第三步,read(阅读)。

第四步,recite(列举纲要)。即训练学生在阅读过程中提纲挈领,归纳文章中心思想和重要细节,并以口头笔头形式复述文章内容。

第五步,review(复习)。要求学生及时复习阅读笔记,加深对课文的理解和认识,巩固学到的新词汇,弥补遗漏之处。

(二)监控

教师在全面发展学生的元认知知识的前提下,还应引导学生将元认识知识运用到实际的阅读活动中,即培养学生的元认知策略能力。具体在阅读教学中我们认为教学的适当方式应该是以加工为定向的策略使用,而不是以内容为定向的背景知识的表征或对特殊的语言特征进行孤立的教学,教学生在阅读时寻找存在的问题及解决这些问题的一些方法,可能比教专门的词汇、短语和概念更重要。也就是说,教给学生元认知加工意识和策略来源的意识,将会使学生们习得持续滋养他们自己的方式,即教师应该授人以渔,而不是授人以鱼。这样才能真正地把学生培养成一个独立的学习者。阅读教学中,指导和培训监控调节策略会增长元认知体验,丰富元认知知识。阅读过程中教师可以采用以下监控策略:

1. 方向监控

让学生明确阅读目的,确定阅读的方式,如略读,通过扫描迅速掌握主旨大意;寻读,用来搜索、确定信息,从而达到找出答案解决问题的目的;粗读,阅读较长材料,主要涉及整体的理解;细读,阅读较短的阅读材料,通常是关于细节的阅读,运用 what,who,when,why,where 和 how 提问方法,了解主体及其情节发展脉络。

2. 进程监控

这一阶段的目的是使学生获取较详细的篇章信息,在学生开始阅读前,首先提出指导性问题,目的是给学生确定一个目标或任务,实现阅读过程中的监控。我们常采用快捷提问和适度的讲解、讨论来梳理全文的信息。在此过程中,应始终注意全文的语义中心,注意部分和整体的联系,归纳显示全文内容的图解、表格等,帮助学生构建较详细的语义图像,基本理解课文内容。

3. 策略监控

善于自我提问,检验自己的答案是否正确,多角度分析推理,懂得运用有效策略处理综合性问题。

（三）评价

评价是对阅读材料的特点以及个人的理解能力做出分析。指导学生进行自我评价是获得元认知知识的一个重要途径。自我评价也称为"反思认知"。反思理论是元认知中计划评价和调节策略，所以元认知也称为"反思认知"。从发生的时间看，反思可分为活动前反思、活动中反思和活动后反思。因此，在指导学生阅读中，我们应从三个方面入手：阅读前，建立阅读目标，选择相应的阅读策略，制定阅读任务，让学生适度了解话题内容。在阅读中，运用相应的阅读策略，掌握文章的主旨大意以及作者的思想、观点和意图，通过分析对比、归纳总结、推理判断等活动理解文章的深层次含义。阅读后，教师可以通过让学生复述、改写、缩写等方式对文章自行归纳，并对他们的活动做出正确的评价，训练他们的反思方法，增强他们的元认知体验。

第七章

英语教学实践创新

第一节　基于跨文化交际的英语教学实践创新

一、跨文化交际视角下的英语技能教学创新

(一)跨文化交际视角下的英语听力教学

1. 扩大背景知识

(1)突破语音关。语言需要通过语音的形式表达出来。可以说,语音是语言的基础。因此,学习一门语言需要进行听力的练习,锻炼听音辨音的能力,英语学习亦如此。在英语听力教学中,学生对语音标准以及语音知识体系越了解,他对英语听力材料的理解就越准确。语音教学是英语听力教学的首要内容,它主要通过让学生反复听标准音、模仿标准音来把握标准音的发声,同时可以借助拼读练习帮助学生学习连读、弱读、语调等语音知识。只有具备扎实的英语语音基础,学生才能建立起语音与语义之间的联系,进而提升英语听力水平。

(2)多积累、多运用词汇。如果英语词汇量不够充足,那么必然会降低英语听力的理解速度与准确度。因此,在英语听力教学中词汇教学非常重要,英语词汇教学要兼顾语音与语义;不能一味地进行单词教学,而是要将单词置于句子中、文章中,使学生能够从语境中理解词汇含义,掌握单词的实际用法。

(3)掌握必要的语法知识。任何一种语言都有其自身的规律,人们可以根据

这种规律学习语言,制造出各种句子,这种规律就是语法。在英语听力教学中同样不能忽视语法的教学,教师要引导学生把握英语的内在规律,在听力练习中锻炼学生捕捉信息、理解语句的能力。

(4)积累其他背景知识。英美文化背景知识也是英语听力教学的重要内容之一。所有的民族语言背后都蕴含着丰富的语言文化,如果不了解这种文化背景,就很难准确理解这门语言。中国的学生有可能比较容易理解中国电台播放的英语节目,但是却很难理解 VOA 或 BBC 等英语节目,这正是文化背景的不同所造成的。除此之外,英语听力教学还应该涉及一些其他学科的文化知识,这同样是为英语听力水平的提升积累背景知识。

2. 注重听力基础技能的训练

听的过程实际上是一个主动认知信息并对其进行加工的过程。当人们接收到声音信号之后,就会借助自己已有的经验知识对其中的语句进行辨认,理解该信号的含义,这是瞬间完成的,还要不断继续进行这一动作。与说、读、写不同的是,人们在听的过程中是相对被动的,无法决定说话者说哪种语言,也不能控制说话者的语速。而在说、读、写的过程中,这些因素是可以由人自己控制的,甚至还可以重复地说、读、写。

基于听的特点,英语听力教学应该注重听力基础技能的训练,提升学生的英语听力水平,具体有以下几种技能训练。

(1)预测能力。预测能力就是指能够提前获取信息的能力。这实际上是一种听力技巧,学生在进行英语听力练习时,可以先对听力材料的主要内容以及有可能提出的问题进行合理的推理与想象,从整体上提前把握听力内容,再进行实际的演练。

(2)猜测词义的能力。如果在英语听力练习中学生听到一些生词,不能确定其词义,则可以根据语境合理地推测生词的含义,进而保证听力理解的完成。

(3)捕捉关键词、句的能力。在英语听力练习过程中,要注重培养学生捕捉关键要点、把握中心词句与细节的能力,只有这样对文章的理解才不会偏离主题思想。声音信号在人们大脑中停留的时间极短,上一个信号会快速地被下一个信号所覆盖,如果学生过度关注每个词、每句话,就容易跟不上语流的速度,导致思维连贯性被打断,失去对材料信息的整体把握。因此,学生应该学会重点关注那些关键词句,捕捉细节,找准主题句,这样能够更加高效准确地理解听力材料。

(4)连贯记忆的能力。在英语听力练习中,声音信号是不能重复很多次的,相关的信息往往一闪而过,有的学生似乎听懂了,但是由于在短时间内没有及时记住这些信息,就出现了前听后忘的情况,无法完成听力理解。由此可见,英语听力对于记忆力有较高的要求,尤其是短暂记忆力。鉴于短时记忆的容量较小,学生在听力练习时要锻炼自己记忆的速度,学会把握关键的点,找到记忆的技巧。在平时的学习中要养成整理、总结、复习知识的习惯,尽可能地将短时记忆变成长时记忆。

(二)跨文化交际视角下的英语口语教学

1. 着重听力的训练

任何一种语言的学习都离不开听说训练,听力与口语是密不可分的,它们都是英语学习中的重要部分。因此,在英语口语教学中,听力练习是值得重视的,人们的"说"是输出信息的过程,而"听"则是输入信息的过程,只有先输入信息,才能够输出。因此,英语口语教学要注重听力训练。

英语听力训练有助于培养学生获取信息的能力,有助于培养学生的英语思维,进而纠正学生的英语表达。听力训练的强度与深度会对学生的口语表达能力产生影响。通常情况下,完成强度较大的听力训练的学生会形成较好的口语表达能力。

2. 强化交际性口语

如果说听力训练是对学生接收信息能力的锻炼,那么口语交际训练就是对学生输出信息能力的训练。英语口语教学的重点离不开口语交际训练,必须培养学生开口说英语的能力。

如果在英语教学过程中,学生只是一味地接受教师的知识灌输,只完成知识信息的输入,但是却没有进行信息的输出,就很难客观地评价自己的英语口语能力,因为英语口语能力最终还是要体现在"说"上。得不到正确客观的评价,自然就不能对口语表达进行纠错与改进。许多学生存在英语口语表达障碍的原因就是缺乏对口语练习的重视,他们几乎不会使用英语参与交流活动,久而久之,就不敢开口说英语。

3. 构建口语化氛围

英语口语教学需要良好的英语口语交际的氛围,这种氛围有助于开展英语口语训练,鼓励学生勇敢地用英语进行交流。需要注意的是,在英语口语练习过程中,即使学生出现了一些错误,教师也不要立刻打断并纠正错误,而是要在学生完成对话之后再纠正,否则会打击学生的自信心与积极性。英语口语氛围还可以通过创造情境来构建,教师可以选定一些有趣的、贴近生活的主题,让学生围绕这个主题展开讨论,用英语表达自己的观点,激发学生用英语交流的热情。情境、主题的设置不应过于复杂,否则会打击学生的参与热情。

此外,教师还可以组织学生成立英语口语学习小组,打造英语角,为学生营造良好的英语口语练习环境,鼓励学生在日常的生活中多多使用英语交流,从多方面提升学生的英语口语能力,让学生敢于说英语、习惯说英语、乐于说英语。

(三)跨文化交际视角下的英语阅读教学

1. 通过文化背景讲解与对比法导入相关文化

了解英语文本中的文化背景知识对于英语阅读教学而言非常重要,因此,在英语阅读教学中,教师要在阅读练习的基础上,为学生适当地补充相关的文化背景知识,从而加深学生对阅读材料的理解。

(1)加强英文原版读物阅读训练,积累丰富的文化背景知识。教师应该以教材内容为中心,为学生提供一些英语原版读物,让学生在阅读过程中记录笔记,或者布置读后感作业。通过阅读英文原版读物,能够有效锻炼学生的英语阅读能力,丰富学生的英语文化背景知识,培养学生的跨文化意识,这种阅读练习也有助于增加学生的成就感。需要注意的是,教师推荐的英文原版读物的难度要适中,否则无法达到预期的教学效果。

(2)合理运用现代教育技术,全方位展示文化背景多媒体资料。英语教师可以借助一些先进的现代教育技术,辅助英语阅读教学的开展,比如微课视频、英语电影、英文歌曲等,这些视听手段能够以图文并茂以及视频的形式向学生直观地展示西方文化,表达西方的思想价值观念,它们有助于激发学生的兴趣,使学生主动地了解西方文化,自主搜索英语资料,探索英语文化与汉语文化的异同,进而提升自身的跨文化交际意识,锻炼英语阅读能力。

2. 文化背景下词汇内涵和外延中的文化含义比较

词汇可以集中体现一种语言的文化特色,同时还可以体现不同语言文化背景下不同的价值观与行为习惯等。英语阅读教学自然不能忽视词汇的教学,教师要引导学生理解词汇的内涵与外延,理解英语词汇背后的文化支撑,只有这样才能真正突破跨文化交际的障碍。比如,在汉语中的"成人"一词,是泛指达到成熟年龄的人群,而英语中的成人则特指法律意义上的、拥有投票权的成人,也就是达到18周岁的成人。因此,英语阅读教学需要格外注意由于文化背景不同而产生的词汇的不同词义,要对这些英语词语的内涵与外延有所把握,做到正确辨识,进而在英语阅读过程中正确理解文章的主题内容。

3. 注重语篇分析,加强对文章的理解

传统的英语阅读教学过于关注英语语法的教学,却忽视了语篇分析的重要性。从跨文化交际的角度出发,英语阅读教学必须重视语篇分析,只有这样才能有效提升学生的英语阅读水平。具体可以通过以下方法训练学生的语篇分析能力。

首先,教师在教学过程中明确语篇的概念,引导学生关注语篇,教授学生分析语篇的方法,让学生学会从整体上把握一篇文章的主旨。

其次,教师让学生运用已有的英语词汇储备、语法知识储备以及文化背景知识储备,去分析理解一篇文章的主旨以及作者的写作意图,引导学生从单句的分析转换为整个语篇的分析,从段落大意入手,归纳文章的核心要义。英语语篇分析能力的培养有助于学生准确深入地把握阅读材料,厘清文章的逻辑脉络,找准文章的主题,使学生的英语阅读能力得到锻炼。

最后,教师可以让学生自主查阅英语阅读过程中遇到的语法问题、背景知识等,培养学生自主分析文章风格、归纳文章主旨、总结文章语言特色的能力。这有助于加深学生对英文材料的理解,也可以帮助学生更高效地记忆相关的英语知识点。

从跨文化交际的角度出发,培养学生的英语阅读能力是提升其英语水平的必经之路,也是培养跨文化交际人才的必然要求。我国学生由于缺少一定的英语文化背景,在进行英语阅读时必然会遭遇一些文化障碍,而这些障碍可以通过英语文化背景的导入、语篇分析能力的培养等多种途径进行突破。英语阅读能

力的培养可以有效地提升学生阅读英语文章的质量与速度。

（四）跨文化交际视角下的英语写作教学

1. 扩大词汇量，注重词汇的文化内涵，写作时恰当选词

第一，充足的词汇储备是英语写作的基础。如果没有充足的词汇，写作者就不能将自己思考的内容转变成文字。

第二，在使用词语时，应该选用比较恰当的、地道的词语，这样会使英语文章富有亮点，能够显示出写作者的英语写作水平。因此，在平时的写作练习中，教师应该引导学生加强对地道词语、地道表达的积累，鼓励学生多写、多练，在写作过程中多思考，以此提升学生的英语写作能力。

第三，关注词语表现出来的英汉语言文化差异。由于英汉两种语言背后有完全不同的文化背景，词语的内涵也不尽相同，不能想当然地随意应用。如汉语中的胆小如鼠，在英语中的表达是 as timid as a bare，尽管它们表达的含义是一样的，但是却用了不同的喻体，这点需要格外注意。此外，英汉两种语言中还有一些民族特有的文化现象，在翻译或写作表达的过程中要认真对待，仔细斟酌，比如，to teach fish to swim（班门弄斧），the Renaissance（文艺复兴）等。

2. 夯实语法基础，写出完整句子并注意语言表达习惯

人们在交流过程中所使用的能够准确表达思想的最小语言单位就是句子。因此，英语写作的基础就是写好句子。使用不同的语言会形成不同的语言思维，我国学生由于长期处于汉语语言环境中，很难用英语的语言思维去表达，他们习惯性地使用汉语模式来书写英语作文，这导致他们写出来的句子既不像英语，也不像汉语，由此拼凑成的英语作文就更不地道。因此，英语写作教学必须重视语法基础，学生要打好写句子的基础，这样才能写出一篇完整的作文。

首先，英语作文中的句子要完整，避免语法错误，尤其是非常严重的语法错误；其次，用词要节约，不能过度堆砌，这样会显得句子很啰唆，没有重点；最后，要保持句子的统一性，即一个句子表达一个想法或观念，切勿杂糅，有的学生为了写长句而刻意地将一些毫无内在逻辑联系的观点放在一个句子中，这会导致句子失去了统一性。例如，"My younger brother is a worker and he lives in Wuhan Hubei Province."就是将毫无内在逻辑联系的句子组在了一起，其应该写成"My younger brother is a worker. And he lives in Wuhan Hubei Province."

最好把两个具有独立意义的句子分成两句来表述。

在此基础上，英语写作中的句式也要灵活使用，注重多样化。英语的句子类型有很多，既包括陈述句、疑问句、祈使句和感叹句，也包括简单句、并列句、复合句等，还包括松散句、掉尾句，以及长句、短句等。这些句子都有不同的句型结构，写作者在英语写作过程中要根据自己的写作目的、写作风格选用合适的句式，以便清晰地表达自己的思想。当然，这些句式可以灵活组合使用，不必拘泥于某一类型，灵活多样的句式会使文章更加生动、更具可读性。

3. 丰富语篇知识，把握篇章布局

在一篇英语文章中，每个段落都应该有一个明确的中心思想，这个中心思想可以通过设置主题句来突出表达，通常情况下，段落中的主题句会放在段落的开头、结尾或者中间。当然，主题句也不能过于突兀，它必须有所拓展，起到衔接上下文、上下句的作用，实现自然过渡。段落的基本结构可用数学等式表示：

段落＝主题句＋拓展句①＋拓展句②＋拓展句③＋……＋结论句

基于这个段落结构，我们可以具体分析这些句子的作用。主题句就是用来总结表达段落中心思想的句子，它具有非常重要的地位，发挥着核心作用，如果没有主题句，读者可能很难明确了解写作者想要表达的内容。因此，主题句也可以称为一个段落中的"灵魂"或"统帅"，可以说，一个段落中所有的表述都是围绕主题句展开的。拓展句则是主题句的延伸句，它负责具体地解释、说明主题句，或者为主题句没有提到的一些细节进行补充、阐释，为主题句提供足够的论据支撑，使主题句更加明晰，更让人信服。结论句就是对这一段落的总结概括。实际上，结论句就是用另一种表达方式来重新表述主题句。结论句应该与主题句形成呼应关系，这有助于进一步深化主题句的思想，也有助于呈现一个段落的完整结构。

在英语写作中要想掌握整个语篇以及段落的布局结构就要重视统一性与连贯性。统一性是指所有句子都应该为同一个主题而服务，也就是说，不管是段落还是语篇都应该有一个中心思想，不能杂乱无章。连贯性就是每个句子之间、每个段落之间都要意思连贯，自然过渡，不能出现过于突兀的句子。

4. 扩大阅读量，积累文化背景知识，开阔视野

读写是不分家的，英语写作能力的提升离不开英语阅读练习。学生的阅读

量越大，英语词汇积累就越充足，也能看到更多不同的英语文章体裁，在此基础上，教师可以要求学生背诵记忆一些不同体裁的英语范文，这有助于提升学生的英语写作能力。大量的英语文章阅读有助于学生培养自己的英语思维，并且背诵范文也会充实学生的写作知识，让学生在写作时可以更加自信，有内容可写。

英语写作同样离不开英语文化背景知识，如果没有相关的文化背景知识，学生就无话可说，也有可能说错话、表错意。因此，为了充实英语写作的内容，学生要加强对英语文化背景的了解，学习大量的文化背景知识，增加阅读量，拓展知识面，为自己的英语作文积累素材。实际上，这个积累写作素材的过程也有助于提升学生的英语写作兴趣，可以反过来帮助学生更深入地理解各种英语文章和材料，使学生的英语写作能力与阅读能力得到质的提升。学生要将英语学习渗透自己生活的方方面面，在读书、看电视甚至聊天的过程中，关注一切可以变成英语写作素材的内容，以此充实自己的写作素材库。

需要注意的是，在积累英语文化背景知识的过程中，也要具备一定的辨识能力，因为文化本身具有复杂性、综合性，它既有先进的部分，又有落后的部分，既有精华，也有糟粕。并不是学习一种文化就要对这种文化全盘接受，这反而会局限我们的文化视野，违背了学习其他文化的初衷。教师要引导学生站在跨文化交际的角度学习英语文化，要保持批判态度，提升辨识能力。

5. 英语学习的最高境界：完美英语，享受生活

任何一门语言的学习，都不只局限于对语言本身的学习，还包含对语言文化的学习、生活方式的学习，英语的学习亦如此。英语课程可以扩展学生的文化视野，提升学生的综合语言素质，它除了具有较强的工具性外，还具有一定的人文性。

当前高校英语教学课程改革践行"四个转变"的教学理念，期望英语教学的中心从"教"变为"学"，从只关注课堂变为课内与课外相结合，从只注重讲授教学变为以引导教学为主，从注重结果评价变为过程与结果相结合的教学评价。此外，英语课堂还可以开展问题导向型教学模式，借助现代信息技术，充分利用信息化教学环境，将各种教学手段综合起来，发挥其最大作用，以达到良好的教学效果。以往传统的英语教学过度重视语法教学、词汇教学，一味地让学生背诵单词，记忆语法，但是却忽视了对学生英语口语应用能力的培养，这导致英语学习

失去了其原本的价值。因此,英语教学必须改革,要努力激发学生的英语学习兴趣,鼓励学生将英语应用到日常生活中,倡导积极体验、参与英语交流活动,通过与他人的合作互动来完成英语应用学习,在这样的英语学习过程中,学生会保持积极的学习态度,能够主动地、自主地投入英语学习中,敢于在生活中说英语、用英语,以此提升自己的英语应用能力,培养自己的跨文化交际意识。

只有经过大量的写作实践,英语写作能力才能获得真正的提升。因此,教师要引导学生养成良好的学习习惯,积极探索学习写作技巧,不断积累写作素材,坚持写作练习,形成自主思考的意识。在英语写作教学中,教师要贯彻跨文化交际思想,将英语语言教学与英语文化教学相结合,将英语知识教学与技能教学相结合,提升学生综合的英语水平,从而培养出具有英语应用能力的综合型优秀人才,满足时代与社会对人才的需求。只有这样,高校英语教学的真正目标才能达成,这也是英语教学的最高境界,那就是让学生在生活中学会应用英语,享受英语的学习。

当我们学习另一种其他的语言时,就开启了另一个世界的门,这扇门能够带领我们走向更加开阔、丰富的世界。英语教学的目标就是培养学生的多元文化视野,从整体上提升我国高校人才的英语水平,进而推动中国这个现代化国家走向世界。

(五)跨文化交际视角下的英语翻译教学

1. 在英语翻译教学中渗透文化教学

对学生跨文化交际能力的培养本身就是英语翻译教学的重要主题,高校英语教师应当为学生营造适当的语境,引导学生正确运用英语语言思维,尽量减少汉语思维对英语学习的不利影响。因此,教师需要采用一定的跨文化英语教学策略,将文化教学融入英语翻译教学中,鼓励学生积极使用英语进行跨文化交流。这就要求教师在讲授英语语言知识的同时,加强对学生英语应用能力的培养。

(1)英语翻译学习过程转变成跨文化的过程。当前的大学英语教学目标可以概括为"5C",即 Communication(交际)、Cultures(文化)、Connections(贯连)、Comparisons(比较)和 Communities(社区)。从这些教学目标可以看出,英语学习与文化、交际是密不可分的。英语翻译教学就是在专业教学的基础上,充分开发学生的想象能力、实践能力、独立思考能力以及交际表达能力等。因此,教师在英语翻译教学过程中,必须贯穿语言文化知识的教学,注重对学生英语语言思维的培养,丰富学生的跨文化背景知识储备。此外,教师还应该在潜移默化中提升学生的文化敏感度,让学生学会感知文化差异,并且能够合理地处理这种差异,从而顺利地完成跨文化交际。

(2)语言教学和文化教学的有机结合。语言与文化向来是密不可分的,跨文化交际视角下的英语翻译教学应该做到语言教学与文化教学的有机结合。具体来说,可以从以下几个方面展开。首先,英语翻译教学要关注中西文化差异,教师可以通过对比中西方的生活习惯、礼仪风俗等,让学生了解不同语言背后的文化差异。其次,英语翻译教学要兼顾知识理论的教学与交际应用能力的培养。英语翻译教学不仅要让学生使用英语表达西方文化,还要让学生用英语表达中国文化,这样才能达到跨文化交际的目的,这就要求教师在日常的教学活动中,重视对学生跨文化交际能力的培养,将语言教学与文化教学融为一体。

(3)紧密结合文化教学与语言交际实践。翻译本身就是一门实践性较强的学科,因此在英语翻译教学中,教师可以多引入一些典型的案例,让学生结合实际探讨分析,发表自己的看法。此外,教师也可以采用情境教学,组织学生进行角色扮演,通过这种方式强化学生对英语文化知识的理解,锻炼学生的跨文化交际应用能力。在这种教学模式中,教师化身引导者与组织者,学生则成为参与者,这能有效提升学生的主动性。典型案例的讨论与情境模拟、角色扮演等方式,可以充分锻炼学生的跨文化交际能力,也可以提醒学生在之后的跨文化交际活动中避免类似的错误。

2. 加强师生沟通,巧妙化解心理障碍

任何一门学科的学习都有一定的难度,学生在英语翻译学习过程中遇到困难与障碍是常有的事,关键在于如何正确地应对这些障碍,合理地处理自己的畏难情绪。在这个过程中,教师发挥着较为重要的作用,当学生遇到困难时,教师应该帮助学生重新建立学习的信心,鼓励学生积极开口交流。针对不同的学生,教师可以采取不同的沟通策略,对于一些理论知识薄弱但口语表达能力较强的学生,教师应该充分肯定其英语表达能力,让他们在课堂上多发言,多表现他们的优势,保持他们对英语翻译学习的热情。而对于一些性格较内向、表达能力较

差的学生,教师也不能为了锻炼他们的口语交际能力强行要求其在课堂上发言,这有可能导致学生产生厌学心理。教师可以采用比较温和的方式,如在课下与他们一对一沟通,制订循序渐进的英语表达能力提升计划等,教师要尊重学生的感受,引导学生跨过这些学习障碍,建立学习信心。只有这样才能为之后的英语翻译学习打下坚实的基础,才能长久地、持续地提升学生的跨文化交际素养。

3. 改革教学方法,加强互动与交际

从本质上来说,翻译就是一门研究沟通与交流的学科,因此,在英语翻译教学课堂上,这种沟通交流的精神应该一以贯之。在传统的英语课堂上,教师与学生之间的关系非常单一,几乎没有有效的互动交流,学生很少将自己的需求告知教师,教师也很难得到真实的教学反馈,长此以往,学生只能学会教师讲授的理论知识,相应地,英语实践能力会变得薄弱。这种教学方法显然不利于开展英语翻译教学。因此,教师必须有意识地转变教学模式,注重课堂上的交流互动,鼓励学生积极地与教师、同学展开交流,培养学生的英语交际能力。具体来看,教师可以定期组织课堂分享会等交流活动,要求学生整理总结自己的知识学习经验,再进行当众分享,这有助于锻炼学生的英语学习思维,提升其英语表达能力,分享交流也有助于开阔他们的学习思路,使学生向外学习、向内自省。同时,让学生站上讲台发言,可以使其清楚地认识到自己在英语课堂上的主体地位,激发他们的英语学习积极性。由此可见,英语翻译教学必须摆脱传统教学模式的束缚,找准教学核心,加强互动教学,将跨文化交际能力的培养放在重要位置。

4. 更新教学内容

在这个知识信息急速更新的时代,英语翻译教学的内容也应与时俱进。翻译专业涉及的领域非常广泛,学生除了要学习本专业的翻译知识与技能,还应该广泛涉猎各个行业、各个学科领域的知识,因为在之后的翻译实践中,有可能会接触各种不同领域的翻译工作。由此可见,英语翻译教学的教学内容必须朝着多样化发展,不能局限于某一专业、某一学科,而是要引导学生认识不同的文化背景、接触不同的学科领域,锻炼学生的跨文化交际能力,只有这样才能培养出真正的翻译人才。此外,英语翻译教学内容还应实现个性化,教师可以在专业教材的基础上,针对学生的兴趣倾向补充一些个性化的教学内容,这有助于保持学

生的翻译学习热情,满足学生的个性化学习需求。

二、跨文化交际视角下的英语教学模式创新

(一)体验式教学

1. 体验式教学的共同要素与基本特征

(1)体验式教学的共同要素。体验式教学的共同要素包括主体、情境、情感行动、反思和问题,这些都是体验式教学不可缺少的重要元素。

主体就是进行体验、感受的主体,在体验式教学中主体就是人,就是教师与学生,体验的主体是其他所有元素的前提和基础,因为没有主体,其他的体验元素都无法成立。情境一方面指整体的环境场所,另一方面指情节,情节是围绕人物展开的。情感是主体身处情境中产生的,它是一种抽象的存在,情感对于体验式教学非常重要,是体验式教学的灵魂所在。

情感既是一种吸收,也是一种释放,行动则是体验式教学的释放部分,主体的行动会产生结果,这个结果就是学习的真正目标与追求。反思是人类特有的意识,它既属于认知行为,也属于修正行为,如果一个人不会反思,他就永远不明白自己的问题所在。教师与学生都要进行反思,都要经历发出问题、探索答案的过程,反思过程本身就代表着进步。

(2)体验式教学的基本特征。体验式教学的特征主要体现在教学过程与教学结果两个方面。就教学过程而言,体验式教学主张将各种元素整合在一起,如将观念导向与行动导向整合在一起,将过程导向与结果导向整合在一起,将理性与感性整合在一起,将显性知识与隐性知识整合在一起。传统的教学观念主要以认知主义与理性逻辑为主,缺乏情感情绪的融入。而体验式教学注重让师生获得各种丰富的体验,获得新鲜的刺激,进而更快地进入一种行动的状态,体验可以丰富师生的认知层次,这实际上是对传统教学不足的一种弥补。

就教学结果而言,传统的教学方式倾向于为师生建立一个仓库,对各种知识进行整理储存,属于以结果为导向的教学模式。这种教学模式主要教授理论性较强的知识,然后让学生对其进行分类储存,当遇到问题时,学生可以根据已有的、储备的知识来应对解决。而体验式教学除了关注知识信息的储存记忆外,还关注过程的实现,即体验。这种教学模式要求学生在体验过程中获取新知识,将

已有知识与新知识相互联结起来,最终让知识回到体验过程中,也就是人们通常所说的"活学活用"。

传统的教学模式注重培养学生的理性思维,学生在这种教学模式下会逐渐变成一个学习机器,他在学习过程中会失去自我意识,只有技巧的堆砌,在一定程度上,理性思维还会对感性思维产生排斥,这会导致学生形成单一型的思维,只能使用单一的思考方式。这对于教学而言当然是不利的。学生在学习过程中实际上是通过各种感官来获取知识信息的,体验式教学从感性的角度出发,激发调动了学生的感官活跃性,让学生在教学过程中投入自己的情感,体会学习的乐趣,进而使感性思维对理性思维进行补充,使两种思维相结合。

显性知识是外在的,隐性知识是内在的,通常情况下,显性知识不会发生变化。在传统的教学模式下这些知识就像一棵树的枝叶,而在体验式教学模式下,这些知识就像树根。通常我们可以直接看到那些"枝叶",但是要想看到"树根"就必须有所思考,深入挖掘,体验式教学中的知识大多是隐性知识,学生可以通过对这些知识的学习举一反三,提高学习效率。

就教学结果而言,体验式教学可以在学习情感、学习态度、价值观念上对学生的认知产生影响。体验式教学的结果主要通过感知、体验、感悟和内化来获得。感知是体验式教学汇总,感知活动、实验、突发事件等,产生一定的体验,到达体验环节处时用情感来感知,然后这种感知会形成一种非逻辑性运动,那就是感悟,"只可意会不可言传"说的就是要通过感悟的方式,而不是言传这种具象传递。最后是内化,所谓化是变化,形态的变化不同于能力的变化,内是内在,就是内在的变化,化包含着化生、运化等能力,所以体验式教学的结果折射到内在部分最终使自我情绪和认知发生了角度变化,会影响学生的喜爱方向与价值观等范畴。

2. 跨文化意识发展的体验式教学策略

(1)视觉体验策略。视觉体验就是在视觉的基础上,主体借助多媒体技术或者进行实地考察去感知客体,再把视觉获得的事实输送到大脑中,由此形成一定的情绪感受的体验过程。视觉体验具有直观、多元的特征,同时它还是一种综合的体验。学生就是学习主体,当学生通过视觉感知到客体时就会产生对客体的第一感受,这就是感性认识。教师可以在此基础上,帮助学生整理建立自己的感性认识,并且对视觉感知进行深入的分析,进而引导学生进入更高级的视觉体验。由于不同学生所处的社会环境不同,生活经历也不同,因此他们看待同一事物所产生的视觉感受也会有所不同,这就是视觉体验具有多元特征的原因所在。

需要注意的是,教师在引导学生进行视觉体验时,要对所呈现的视觉信息进行一定的筛选,要符合教学的需求,尽量选择具有跨文化特征的视觉信息,这样能够更具针对性地展开体验式英语教学,为学生带来较强的视觉冲击,激发学生的学习热情。在体验式英语课堂上,教师呈现的视觉信息可以是西方美食介绍、英语脱口秀以及旅游视频等,这有助于开阔学生的视野,让学生对英语学习产生更加浓厚的兴趣。同时,教师也可以鼓励学生积极发表自己对这些视频的看法,表达自我的理解,如果有学生的理解产生了偏差,教师可以及时地予以纠正,如果有学生的回答具有一定的启发性,教师也可以进行整理总结,将其作为新的知识点教授给学生。

(2)角色扮演策略。我国英语教学长期受到应试压力的压迫,只能片面地专注于应试技巧的教学,忽视了学生在英语学习过程中的情感体验。基于这种情况,角色扮演是一种非常有效的情境教学活动,这种教学策略能够弥补传统教学的缺陷。在角色扮演的过程中,学生可以快速进入教学情境,积极主动地使用英语进行口语表达,达到锻炼口语能力的目的,同时可以培养学生合作学习的意识,学生在特定的情境中,也能够更加直观、深入地感知其中的文化精神。

实际上,角色扮演就是对社会生活情境的模拟再现,学生们可以扮演不同的角色,站在这个角色的身份角度发言交流,这有助于他们真切地感受西方社会以及西方人的生活。在体验式教学模式下,学生可以把自己放在虚拟的社会场景中,模仿西方人,站在西方人的角度去进行生活交际,体验其他国家的文化,探索西方人的交流方式与思维方式。这实际上是用一种移情的方式近距离地感受西方文化,体验西方人的生活习惯,尝试理解西方的价值观念,模仿使用地道的英语表达。

(3)合作交流策略。合作交流策略也是体验式教学的重要策略之一。具体来说,就是由教师指定一个文化主题,让学生调动自己的知识经验围绕这个主题展开文化交流,需要注意的是,合作是交流过程中的重点。因为学生的思维很容易受到既有知识经验的束缚,提出的观点有可能是片面的、不客观的,如果任由他们独立地提出问题、解决问题,可能会走许多弯路。而合作交流则可以较好地解决这一问题。学生在合作交流的过程中,可以倾听别人的观点看法,与他人交换意见,弥补自己观点的不足,获得更多的思考角度,进而找到更加合理的解决问题的方式。教师在应用合作交流策略开展体验式教学时还应注意一点,即把控交流的时间,时间过短,达不到交流的效果,时间过长,学生容易漫无目的地交流,教师要对学生的交流予以适当的引导。合作交流有助于拉近学生之间的关系,形成良好的课堂氛围,这对教学效果非常有利。

教师给出的合作交流的主题可以是中西国家司机的位置方向设置、中西餐桌礼仪的不同等。这种主题比较贴近生活,可以激起学生以往的生活经验,使其有话可说,能够积极地参与到讨论交流中,并且可以在潜移默化中培养学生的跨文化交际意识。

(4)游戏体验策略。游戏体验策略也属于体验式教学策略的一种。游戏通常都是有趣的、充满挑战的,它具有交互性和体验性。教师可以设计一些与跨文化教学相关的游戏,让学生参与到游戏中,学生在游戏中取得胜利就会获得极大的成就感与满足感,这种成就感与满足感会激励学生继续投入英语学习中,使学生的学习积极性得到激发。游戏教学同样会设置一定的学习目标与学习内容,因此,学生在游戏中取得胜利实际上就是对学习目标的达成,学生可以在参与游戏的过程中提升自己的认知水平。

在体验式英语教学中使用游戏教学策略,教师可以设置一些任务关卡,学生每完成一个任务就能得到下一个关卡的线索,这样会让学生持续地、自主地投入英语学习中,不断地探索下一个问题。

(二)情境教学

1. 情境教学的含义

情境教学是常见的教学方式之一。它主要通过模拟设置一些环境、场景来调动学生的情感,开阔学生的思维,让学生身处情境中,具有较强的真实感,进而达成特定的教学目标。英语情境教学可以从三个层面来理解:

第一,情境教学是一种教学方法。有学者指出情境教学就是借助生动真实的场景调动学生的学习积极性,进而达到教学效果的教学方法。

第二,情境教学是一种教学手段。也有学者认为,情境教学就是设置具有一定真实性的情境,让学生在情境中探索问题的答案,进而掌握自主学习的能力。这是一种推动学生学习的教学手段。

第三,情境教学是一种教学模式。情境教学可以围绕"情"与"境""情"与"理""情"与"全面发展"等几种辩证关系展开讨论,情境教学就是设计一些典型的场景,促使学生将自己的情感活动与认知活动相结合的一种教学模式。

以上这些对情境教学的表述都是准确的,情境教学的目的就是激发学生的情感,促进学生利用自己的情感加深对知识的认知。

2. 跨文化视角下英语情境教学的组织

(1)课前准备。情境教学的开展需要有一定的准备工作,教师首先分析相关的课程内容、教学目标等,同时还要分析学生的学习特点与学习需求。在跨文化英语情境教学中,教学内容必须以跨文化相关知识为主,然后围绕这一中心设计情境。教师可以通过问卷调查的方式把握学生的学习兴趣与学习需求,大致了解学生的英语文化水平。

(2)情境应用。情境应用是英语情境教学的重要部分,教师在这一阶段可以引入主题,提出问题,让学生在情境中思考探索,找到最终的答案,激发学生的学习热情。在这一阶段教师需要明确学生的任务,否则,学生有可能不知道自己该往哪个方向探索,产生迷茫心理。

(3)活动探究。在情境教学中,学生需要开展自主学习,探究问题的答案。除了依靠教师已经给出的信息资源外,学生还可以以小组合作交流的方式探索答案,在小组交流中,学生可以纠正成员的错误,提出自己的意见,在合作中找到问题的答案。这种活动探究的形式有助于培养学生的合作意识,营造轻松、和谐的课堂氛围,有助于开阔学生的思路,避免他们局限于自己的思路中,还有助于增强学生的跨文化意识,提升跨文化交际能力。教师在这一阶段不需要过多地干扰学生,只需要认真观察,在必要时予以适当的指导,让学生充分发挥自己的主观能动性。

(4)成果展示。在结束活动探究环节之后,学生可以将自己的探究成果展示出来,教师可以对各个小组的学习成果进行评价。展示的方式可以是口述,也可以是其他形式。教师的点评固然重要,但也应该加入其他的评价方式,比如小组互评和自评,这种评价方式有助于进一步深化学生对所学知识的理解,也有助于学生更加客观地看待自己与他人的学习成果。

（5）拓展运用。当学生掌握了一定的英语交流技巧后，最重要的就是对这些技能技巧的练习应用，在情境教学中，教师可以贴合实际设计一些比较常见的交流情境，让学生在这样的情境中发挥自己所学的英语技能，完成交流任务。只有这样，学生才能真正实践应用英语，用所学知识与技能解决现实中的问题，明确英语的功能作用，更加坚定英语学习的目标。

（6）学习评价。学习评价对于情境教学而言非常重要，这种评价可以以测试卷的形式进行，也可以通过对学生展开访谈等形式进行，评价方式可以是多元的，不必局限于某一种固定形式。教师除了要对学生的学习效果进行评价外，还要结合学生课堂上的表现情况对其学习态度、学习状态进行评价。

第二节　基于信息技术的英语教学实践创新

一、信息技术以及与课程教学的融合

（一）信息技术与课程整合的内涵与本质

1. 信息技术与课程整合的内涵

信息技术与课程整合是信息技术在英语教学中的典型应用。所谓课程，是指为了达到一定的教育目的而设计的学习者的学习计划或学习方案。这个定义是从学习者的角度把课程作为一种计划或方案来理解的，在学习方案中对学习者的学习目标、学习内容和学习方式作了设计和规定。

信息技术与课程整合应该从课程的各个方面入手，其中任何一个方面出现问题，整合的效果都会受到影响。认为信息技术与课程整合只应局限在教师与学生的具体活动中，这种看法显然过于狭隘，这说明这种整合没有真正从课程的视角去思考，因此，并不是真正意义上的课程整合。信息技术与课程整合应该考虑总体课程目标、课程体系、课程规划、课程内容、课程方案等，并根据这些因素来安排具体的学习活动，从而实现信息技术与课程的整合。同时，还应该指出的是，在信息技术与课程整合过程中，应该注意整合的广泛性和全面性。

信息技术与学科课程的整合，顾名思义，就是将信息技术融入具体的学科课程中,实现信息技术在学科课程中的有效应用。信息技术与学科整合能够为学生创造开放的、自由的学习环境,有利于充分发挥教师的指导作用,也有利于突出学生的主体地位,调动学生学习的积极性和主动性。同时,信息技术与学科整合是一种新的方式,它是对传统教学模式的改革和创新,在这一过程中,也有利于培养学生的创新精神。

2. 信息技术与课程整合的本质

信息技术与课程整合是信息技术迅速发展的产物,也是教育改革的必然结果。信息技术与课程整合是对传统教学模式的改革,它有利于激发学生的学习兴趣,有利于创新人才培养模式。课程在教育教学中起着重要作用,信息技术对课程的影响也是十分巨大的。在信息技术的影响下,信息技术与课程实现了有效融合,主要体现了课程目标、课程结构、课程内容、课程规划、课程实施等多个方面。另外,需要强调的是,信息技术与课程整合的关键就是充分发挥信息技术的优势,实现更为灵活、更为高效的课堂教学,改变传统教学的"满堂灌"模式,进而实现课程的改革和创新,实现课程的规划目标,使学生在信息化的环境中了解这一课程、学习这一课程、实践这一课程,并在了解、学习和实践中培养自身的创新精神,提高思考能力和实践能力。

在教育教学改革中,教学内容、教学方法、教学手段等方面的改革固然重要,但真正能够触及教育理念、教育思想、教学和学习理论等深层次变革的,依然是教学结构改革。学生、教师、教学媒体和教学内容是教学系统的四个要素。众所周知,在传统教学模式中,教师是教学的权威者、传授者、实施者,是教学过程的主导者,居于教学的中心地位。作为学习主体的学生只是知识的被动接受者。信息技术等教学媒体是辅助教师教学的工具。教材是学生获取知识的唯一来源。教学过程是课程的执行、传递和接受过程,教师和学生外在于课程。

虽然传统教学模式以教师为中心存在诸多优势,最为突出的是有利于实现教学目标,有利于教师主导作用的发挥,但这种教学结构也有其不可忽视的缺点,特别是它忽视了学生的主体地位,束缚和限制了学生发散性思维和主观能动性的发挥,不利于激发学生学习的兴趣,也不利于发挥学生的特长,培养学生的创新能力。众所周知,在信息化日益发展的今天,社会对创新性人才提出了更高的要求。为了满足社会的需要,教育教学必须改革和创新。更为重要的是,教学应该改变传统的以教师为中心的教学模式,确立学生的主体地位,发挥教师的主导作用,从而创建一种新的教学模式——主导—主体相结合的教学模式。在这种新的教学模式下,教师的地位发生了很大变化,由原来的权威者、传授者变成了现在的组织者、引导者、设计者。同时,教师也改变了"一言堂"的教学方式,贯彻"以学生为中心"的原则,并积极引导学生、鼓励学生自主探究和学习。教师和学生不再处于课程之外,而是课程的有机组成部分,积极互动、共同发展。另外,学生不再被动地接收信息,而是主动地学习和建构知识。教学也发生了根本性变化,它更加注重课程的创新和开发。

因此,信息技术等教学媒体既要辅助教师的教学,又要促进学生的自主学习,成为学生合作交流与情感激励的工具,成为自主、探究学习科学知识的认知工具,为学生的学习和发展提供丰富多彩的教育环境,更要为学生营造良好的环境,从而提高学生学习的热情,使学生积极、主动地参与到课程的学习中。同时,引导学生掌握学习的知识,并鼓励学生积极运用已学的知识,从而提高学生的实践能力,使学生得到全面发展。这有赖于信息技术与课程整合所营造的信息化教学环境以及由此形成的新的教与学的方式,鼓励并引导学生学习知识、掌握知识和运用知识,并在此基础上积极主动地探索新知识,有利于教师采用多种教学手段来展现教学内容,充分发挥教师的创造力,更有利于教师和学生的多元互动。以上这些目标的实现,正是信息技术与课程整合的根本意义和关键所在。因此,就本质而言,信息技术与课程整合是一种新的教学模式,它改变了传统的教学模式,确立了教师的主导作用和学生的主体地位。

(二)信息技术与课程整合的重要作用

1. 激发学生的学习兴趣

随着互联网的迅速发展,计算机的作用日益明显。尤其是人机交互的特点,是其他媒体无法比拟的。同时,计算机还具有图文并茂的特点。这些特点使得计算机在教育教学中得到广泛的应用。多媒体计算机应用于教育教学中,还有利于激发学生的学习兴趣,提高学生学习的热情,从而使学生积极主动地学习。

除此之外,这种交互性改变了传统的教学模式,有利于学生主体性的发挥。众所周知,在传统教学模式中,教师是权威者和主宰者,教师不仅主宰着教学计划、教学内容、教学方法、教学程序,还主宰着学生的一切学习和练习。而学生只能被动地接受教师传统的知识,并没有自主学习和独立思考的机会。而信息技术融入课程教学中,可以为学生营造交互式的学习环境。在这一环境中,教师不再是权威者和主宰者,而是引导者和设计者。学生也不再被动地接受知识和信息,而是能够根据学生的学习情况、兴趣、特长和爱好等来选择学习内容和练习,这有利于充分发挥学生的主体作用,使学生积极主动地参与到学习中。同时,教师也可以根据教学目标,结合学生学习的实际情况来选择教学方法和策略,从而使教学方法和策略更加多元化和多样性。

2. 丰富学生的学习资源

信息技术作用于教育的方式往往是从拓展"物化"的学习资源开始,学习资源的拓展对教学过程、教学方式和教学组织以及教学中的人产生深远的影响,从而使教育改革成为必需和可能。在信息技术与课程整合的这一阶段,教学观念、教学设计、教师与学生的角色都将发生变化,信息技术为教学提供了丰富的学习资源,在这种资源环境下,各种相关的资源极大扩充了学习的知识量。在信息技术与课程整合中,各门学科都有大量的以计算机多媒体技术为核心的、以超文本和超媒体的非线性方式组织的学习资源,且交互性、传播性好,为各学科教学或个别化学习提供了极好的学习平台。随着课程改革不断深入,教师研究的课题、优秀的教学案例、优秀的设计与制作等学习资源放到相应的网络上,网上的探索性资源和研究性学习资源将不断地得到积累和发展。

互联网作为最大的资源库,其信息种类繁多、资源内容丰富。同时,这些资源和信息存在一定规律——符合人类的联想方式和思维特点。正因如此,这些丰富的信息资源为学生提供了新型的教学环境,使自主学习、探究学习成为可能。过去,学生学习的主要内容大都来源于课本和参考资料,学习的内容受到一定的限制。而目前信息技术与课程整合,有利于为学生提供丰富的信息资源,也有利于师生之间的互动,从而使学生学习的信息更加多样化,这为学生批判性思维、创造性思维的发展和创新能力的培养提供了保证。同时,由于现代信息技术环境下的学习资源内容具有开放性,在这种环境下,学生可以积极主动地学习和探索知识。在学习和探索的过程中,学生可以根据自身已有的知识对这些信息进行剖析、整理和评价。除此之外,还有利于学生对一些困扰自己的知识进行质疑、讨论和交流。总之,学生不再被动地接受知识,而是能够根据自己的兴趣和实际情况来学习知识,积极参与到知识的建构中,从而使学习资源更为丰富。

3. 实现教学的有效组织与管理

(1)实现各种教学内容的整合。具体而言,在进行教学内容整合的过程中,教师应该结合教学目标,根据媒体信息的不同类型进行整合,从而实现不同教学内容的整合。例如,英语教学包括听力、口语、阅读和写作等教学内容,这些教学内容中既有文字信息,也有语音和视频信息。要实现这些不同教学内容的有机整合,就应该选择合适的整合方式。教师可以充分发挥信息技术的优势,利用超文本的方式将这些不同的教学内容进行整合,构建一个一体化的电子教材,从而实现图、文、音、像的有机融合。

(2)实现各种教学资料的整合。具体而言,在进行教学资料整合的过程中,教师应该结合教学内容及要求,根据教学特征的不同进行整合,从而实现教学资料的有机整合。众所周知,教学内容是一个复杂的系统,涉及教材内容、课后练习、实验等。与教学内容相关的教学资料也有很多,且这些教学资料有不同的教学特征。要想对这些不同教学特征的教学资料进行整合,就应该选择合适的方式。信息技术为这一整合提供了新的方式——超文本可以将复杂的、不同特征的教学资料组成一个整体,这有利于教师教学、学生学习。

(3)实现预备知识与扩展知识的整合。众所周知,学生在能力、水平、知识基础等方面存在很大的差异。在传统教学模式中,要想实现全体学生的全面发展是很难的。而信息技术融入课程教学中,教师可以根据学生的实际学习情况,利用超文本方式,对预备知识和扩展知识进行设置,从而满足不同学生的需求,促进学生的全面发展。

二、基于慕课的英语教学创新

(一)慕课概述

1. 慕课的概念

慕课,即大型开放式网络课程,是一种在线课程开放模式。慕课主要是由具有分享与协作精神的个人组织的,他们将课程发布在互联网上,供有兴趣的学习者学习,旨在扩大知识传播。

百度维基百科对慕课的界定为,慕课是一种以开放访问、大规模参加作为目的的在线课程。慕课的英文字母是 MOOC,这四个字母分别有其代表的含义。

M:代表参与这种开放性课程的人数多、规模大。

O:代表这一课程具有开放性,只要是想学习的人都可以参与其中。

O:代表这一课程学习的时间是非常灵活的,想学习的人可以自主选择。

C:代表课程包含的种类众多。

2. 慕课的特征

(1)开放性和大规模性。传统课堂具有地点和时间的局限性,受众群体为本专业或本班学生。而慕课打破了传统课堂中的这个局限性,学习者可以根据自己的兴趣爱好选择相应的课程进行注册和学习,在任何场所均可学习。并且,传统课堂时间固定,课堂不可重复,而慕课则可在任何时间观看和学习,对重点部分可以反复学习。

(2)集约性。慕课是网上学习平台,因此可以实现资源共享。在"中国大学MOOC"在线学习平台上有很多优秀的教学资源,很多学校会开设某些专业的慕课教学课程,也有很多教师会上传学习资料,因此,一方面,各校的教师之间可以互相学习和借鉴,及时发现自己在教学过程中的不足,更新自己的教学资料,从而提高教学质量;另一方面,学生有了更加丰富的学习资料,学生不仅仅局限于本校本专业的学习资源,可以通过慕课其他学校和其他专业的学习资料,满足自己各方面的学习需要。

(3)精品化。慕课一般选取的是较为典型的课程和教学内容,将学科中难度大、不易理解和具有特色的内容进行精心制作和反复设计完善,使课程内容精品化,并且,慕课集结了国内知名高校的精品课教学内容,甚至包含了国外哈佛大学、麻省理工大学等世界名校的课程内容。国内的名校如北京大学、清华大学、浙江大学等精品课程也屡见不鲜。

(4)互动性。不同于网上其他的视频教学和远程教学,慕课是一个虚拟的网上学习课堂,能够进行师生之间的互动和学生之间的交流,从而使学生具有更加真实的上课学习体验,也能将学习中的问题及时向教师反馈,教师也能及时对自己的慕课教学进行调整。学生还能在慕课平台上进行广泛的讨论,这给来自不同学校、不同专业、不同身份甚至不同国家的学生提供了交流沟通的可能,在很大程度上激发了学生的积极性,也增加了慕课学习的趣味性。同时,学生还能通过完成慕课作业来对自己的学习效果进行检验。

(二)慕课对英语学习方式的转变

1. 共享教学资源

学生学习方式的影响因素有很多,其中最为重要的因素是教学资源。如果没有教学资源的支持,学生的学习方式也是单一的,更不利于学生学习方式的转变。因此,多样化、高质量的教学资源不仅有利于学生的学习,还有利于学生转变学习方式。

(1)全球共享教学资源。随着慕课的发展及慕课平台的建立,世界上很多知名高校都意识到慕课及慕课平台的重要性,并纷纷借助慕课平台来分享自己的优质课程。在分享的过程中,他们可以从中获取其他名校分享的优质课程,从而实现了在分享中学习。同时,需要指出的是,慕课平台上的这些优质课程资源,种类多样,富含多元的文化及语言信息,这些都是学习者的宝贵资源。不仅如此,全世界的名师和专家也纷纷加入慕课平台,将自己的教学经验、科研经验及相关研究分享到慕课平台上,为学习者提供了十分丰富的学习资料。可以说,无论身处何地,无论何时,只要想学习,学习者都可以利用慕课平台来学习全世界优质的课程,而且慕课平台是免费的。可见,慕课及慕课平台的发展为学习者提供了全球性的教学资源,实现了全球教学资源的共享。

(2)校际共享教学资源。校际共享教学资源,顾名思义,就是学校与学校之间的教学资源共享。不同的高校有不同的教学资源,尤其是重点高校,其优质教学资源更加丰富。要想实现高校与高校之间的资源共享,就应该转变观念,树立共享意识,同时充分发挥知名高校、重点高校、知名课程及名师的带头作用,将每个高校的资源开放化,并将自身高校中的优质教学资源上传到慕课平台上,从而实现校际教学资源的共享。例如,知名高校和重点高校无论是在学科建设还是在教学资源开发上都具有自身的特色,这些高校可以在慕课平台上积极主动地分享自己学校的优质教学资源,充分发挥自身的资源优势,从而与普通高校之间形成优势互补,共同发展。又如,知名教师和优秀教师也可以将自己的经验和优质课程分享到慕课平台上,与其他教师积极互动,共同学习、取长补短,从而不断提高自己的业务能力,实现专业发展。另外,学生可以从校际共享教学资源中了解教师的教学风格,并根据自己的学习情况选择适合自己的学习内容。

（3）校内共享教学资源。校内共享教学资源主要强调的是高校内部教学资源的共享。这就要求高校能够为教学资源的共享创造条件，并引导和鼓励教师在慕课平台上贡献自己的教学资源。同时，根据实际需要，提供教学设备，并为优质课程的共享开辟多种渠道，从而使在校学生能够在慕课平台上根据自己的学习需要选择最优质的教学资源。

2. 引导学生转变学习观念

学习观念也是影响学生学习方式转变的重要因素。因此，教师在实际教学过程中，应该注重引导学生转变学习观念，从而使学生树立新的学习观念——自主学习观念和终身学习观念。

第一，引导学生意识到网络学习资源的重要性，并引导学生积极利用这一网络学习资源。在慕课这一时代背景下，教师可以将慕课融入其中，使学生意识到慕课中拥有丰富的网络学习资源，并引导学生主动从慕课中学习这些资源。同时，教师要采用多种手段，提高学生对网络学习和网络媒介的认同感。只有学生积极主动地利用网络学习资源，才有利于转变传统的学习方式。

第二，引导学生明确并树立正确的学习动机。在英语教学中，教师应该运用多种手段调动学生学习的兴趣和热情，引导并鼓励学生积极、主动学习。面对慕课平台上丰富的学习资源和更多交流互动的机会，学生很容易失去学习的方向，教师应该引导并鼓励学生明确自己的学习动机，并结合自己的实际学习情况进行学习，从而高效地完成自己的学习任务。

第三，引导学生自主学习，成为学习的主人。慕课上丰富的信息资源有利于学生自主学习。在慕课的影响下，英语教师也应该确立学生的主体地位，使学生明确自己才是学习的主人，并科学管理自己的学习。

3. 创新教学方式

学生学习方式的转变，除了学生自身外，还与教师的教学方式有直接的关系。如果教师的教学方式比较陈旧，就不利于学生学习方式的转变。因此，要想实现学生学习方式的转变，教师就应该创新自己的教学方式。具体而言，可以从以下几个方面入手。

（1）转变教学观念。教师的教学观念在一定程度上影响学生的学习方式。实践证明，创新的教学观念有利于学生学习方式的转变。因此，教师应该转变陈旧的教学观念,树立与时俱进的教学观念。在具体的英语教学中,教师在讲解知识的基础上,还要注重学生各种技能的提高,从而从多个方面提高学生的问题解决能力和知识运用能力。另外,教师还应该注重学生良好情感的培养,使学生树立正确的价值观念,最终使学生实现全面发展。

(2)提升教学能力。作为语言教学的重要组成部分,英语教学是一个复杂的系统,它需要教师多种能力的融入。具体而言,教学认知能力、教学设计能力、操作能力、教学组织能力、教学监控能力、教学评估能力等都是教师不可缺少的能力。教师应该在明确自己能力的基础上,采取不同的方式来提高自己的综合能力。

(3)选择恰当的教学方法。教学方法不仅影响英语教学的效果,还影响学生学习方式的转变。通常情况下,最为常见的教学方法有直接经验教学方法、间接经验教学方法、技能技巧教学方法。除此之外,教师还可以借助慕课平台,充分发挥慕课平台的优势,将在线教学与线下教学相结合,从而实现线上教学与线下教学的有效融合。总之,在英语教学中,教学方法是丰富多样的,教师应该根据具体的教学目标、学生的学习情况选择恰当的教学方法。

(4)丰富教学手段。随着信息化教学的发展,传统的教学手段已经不适应当今英语教学的发展,教师应该在传统教学手段的基础上结合现代化的教学手段。慕课作为现代化手段的重要代表,在英语教学中发挥着不可替代的作用。因此,教师应该充分发挥慕课的优势,将慕课等多种现代化教学手段融入具体的英语教学中,从而为学生提供丰富的教学资源,促进学生的全面发展。

4. 重建师生关系

师生关系不仅影响教学目标的实现及教学效率的提高,还影响学生学习方式的转变。在传统教学模式中,教师与学生之间的关系并不是平等的,教师始终处于权威者的地位,学生则处于被动的地位。这种传统的师生关系不利于学生创造性、创新能力的培养。慕课融入英语教学中,有利于平等的师生关系的建立,也有利于学生学习方式的转变。

(1)转变角色定位。众所周知,在传统的教学模式中,教师的角色主要是传授者、权威者和主宰者。而在基于慕课的教学模式中,教师的角色则发生了一定的变化。教师是教学的设计者、组织者、策划者、引导者。在基于慕课的教学模式中,教师应该明确自己的角色,并注重学生的主体地位,鼓励学生自主学习、主动探索,从而培养学生的自主学习能力和创造性思维能力。

(2)营造民主的学习氛围。建立平等的师生关系,还需要教师营造民主的学习氛围。在实际教学中,教师要以学生为中心,时刻关注学生的学习动态,为学生营造民主的学习氛围。同时,教师还应该充分利用自己的知识结构和综合能力来影响学生,使学生能够感受到教师的人格魅力,并积极主动地投入学习中。

(3)转变交往方式。在传统教学模式中,教师与学生之间的交往方式是单向的。这种交往方式不利于师生之间的互动。在基于慕课的教学模式中,教师与学生之间应该转变交往方式,采用互动的交往方式更有利于师生之间的交流与互动。只有这样,才能营造融洽的学习氛围,建立良好的师生关系,使学生积极主动地交流和学习。

(三)慕课在高校英语教学中的应用策略

1. 将传统教学与慕课教学相结合

众所周知,传统教学模式虽然存在很多不足,但也具有很多优点。将传统教学与慕课教学相结合,更有利于实现英语教学目标和效果。英语教学是一个复杂的工程,其改革和创新并不是朝夕之事,而是一个长期的过程。慕课与传统教学模式的融合,有利于弥补传统教学模式的不足,也有利于发挥慕课教学的优势。

需要指出的是,慕课教学开展得是否顺利,还与学生的学习能力、教师的教学能力以及教学设备等有直接的关系,因此要综合协调这些要素,使慕课教学真正促进英语教学的发展。除此之外,教师在英语教学实践中,还应该注重传统英语课程与慕课课程的比例问题,从而促进英语教学目标的实现。

2. 利用慕课提升学生英语文化素质

从本质上来说,英语教学不仅是语言教学,还是文化教学。因此,在英语教学中,教师不能只讲解英语语言知识,还应该注重英语文化知识的讲解;不仅注重学生语言技能的提高,更要注重学生文化素质和跨文化交际能力的培养。具体而言,高校应该结合自身情况以及学生的实际学习情况,有针对性地开设英语语言课程和文化课程。同时,高校还要充分发挥慕课平台的优势,将慕课融入具体的英语教学中,从而为学生学习英语营造良好的文化环境和交际环境,切实提升学生的英语文化素质。只有这样,才能使学生真正了解和掌握英语知识,提高英语技能,并在交际中避免交际障碍,实现英语教学的目标,促进英语教学的发展。

3.慕课教学与教学测评体系相融合

慕课教学是一种新的教学方式,将其与教学测评体系相融合,有利于英语教学的改革和创新。具体而言,可以从以下两个方面入手:

第一,在注重慕课教学质量的基础上,重视学生慕课学习的结果,并将这一结果与期末成绩有效融合,只有通过了慕课考核才能取得相应的学分。这不仅有利于增强学生的慕课学习意识,还有利于健全教学测评体系。

第二,重视评价方式的多元化。教师可以引导并鼓励学生积极主动地参与到慕课的考核评价中,同时鼓励学生积极发表自己的测评观点,从而在实践中意识到慕课教学与测评教学体系的重要性,构建更加多元化的教学测评体系,促进教学效果的提高。

4.完善慕课教学多元化功能

高校还应该注重完善慕课教学的多元化功能。多元化功能有利于学生多元化学习,也有利于学生的个性化发展。高校通过多种方式来完善慕课教学的多元化功能,如签到功能、提问功能、答疑功能等,从而不断丰富慕课教学的功能,构建多元化的慕课教学体系。

除此之外,高校还应该结合自身的实际情况,不断开发慕课系统,并根据教学的实际需要不断更新慕课教学系统,使慕课教学系统更加完善和多元化。总之,慕课教学功能的多元化可以为学生提供更加丰富的信息资源,满足学生多元化的学习需要,更有利于促进英语教学目标的实现。

三、翻转课堂视角下的英语教学创新

(一)翻转课堂概述

1.翻转课堂的定义

翻转课堂简单理解就是将知识传授置于课前,将知识内化置于课堂上,真正实现先学后教。与传统课堂教学相比,翻转课堂的教学理念、教学过程、教学结构等都具有独特的特点。

就教学理念而言,传统课堂教学强调的是集体学习,并不重视学生的特长和个性化发展。翻转课堂这一教学模式十分注重学生的特长和个性化发展,这与传统的集体教学形成了鲜明的对比。

就教学过程而言,传统教学模式与翻转课堂教学模式也存在一定的差异。众所周知,教学过程主要分为两个过程,即知识传授的过程和知识内化的过程。在传统教学模式中,知识讲授的过程通常发生在课堂教学中,而知识内化的过程通常在课下完成,学生通过做一些练习,来完成知识的内化。在翻转课堂教学中,知识讲授的过程通常在课前完成,而知识内化的过程通常在课堂上完成,具有先学后教的特点。

就教学结构而言,翻转课堂教学通过多种方式对传统教学进行了重构,从而使得不同的环节有与之相对应的教学结构,这也是传统教学模式无法比拟的。

2. 翻转课堂的本质

(1)翻转课堂在本质上追求创新和智慧教育。从本质上来说,翻转课堂是一种创新教育,也是一种智慧教育。翻转课堂对学生掌握知识提出了基础要求。同时,翻转课堂注重学生多元化能力的培养,尤其是发现问题、解决问题的能力。翻转课堂强调学生要主动应对危机。另外,翻转课堂要求学生学会运用自己已经学习的知识来解决实际问题,如剖析自身与他人之间存在的关系,审视自然与社会的关系。同时,翻转课堂还要求学生能够对这些关系做出明智的判断,从而真正认识自己、他人、社会与自然。

(2)"翻转"的过程是学生智慧发展的过程。翻转课堂是一种新的教学方式,它不受时间和空间的限制,学生可以选择最恰当的时间来完成相应的教学过程。

这种"翻转"的教学模式,有效解决了传统教学中存在的两个问题:

第一,传统教学模式无法面面俱到,学生的差异性越来越大,因此,学生的差异问题是传统教学模式中最为突出的问题。

第二,忽略学生的创新能力,没有足够的时间提高学生的创新能力。

实际上,翻转课堂翻转的过程就是整合的问题,即碎片知识学习与创新的整合过程。学习与整合创新的过程,也是学生智慧生成的过程。因此,从本质上来说,翻转的过程就是学生智慧生成和发展的过程。可见,翻转课堂比传统教学更有利于学生学习知识、理解知识和运用知识。更为重要的是,翻转课堂有利于提升学生的创新能力,也有利于学生智慧的生成和发展。

另外,翻转课堂不仅是一种教学手段,还是一种教学模式,更是一种教学价值和教学策略。单从价值方面来说,翻转课堂是智慧课堂,它重视学生智慧的发展。因此,翻转课堂是一种典型的智慧教育。需要指出的是,翻转课堂是信息技术发展的产物,在一定程度上促进了学生智慧的发展,同时提高了教学效果和教学效率。

(二)翻转课堂在英语教学中应用的必要性与可行性

1. 翻转课堂在英语教学中应用的必要性

(1)英语教学的现状不尽如人意且亟须改革。目前,我国公共英语教学的总体情况不容乐观。学生对英语的兴趣降低甚至不感兴趣,反过来又恶化了英语学习,恶性循环,互相削弱。再者,目前在英语教学中教学方法单一,教学手段落后,虽然幻灯片、多媒体等现代化手段已经结束了一支粉笔一块黑板的教学时代,但是出于各种原因,其制作的技术、与教学目标的贴合性及教师利用程度等有待提高。除此之外,即使使用了多媒体课件,其教学模式采用"填鸭式"的课堂也比比皆是,现代化手段只是治标不治本,课堂仍旧沉闷枯燥。最后一点,教师铃响来铃响走,学生上课睡下课醒,师生之间沟通甚少,甚至有的学生一个学期不知道哪位教师上课,更别提沟通交流,教学效果可想而知。

(2)信息科技在教育领域里的应用潜力巨大。自从计算机科技在中国得到了广泛的应用之后,信息科技在各个领域如雨后春笋般地涌现出来,但是一直到现在,在教育领域里的应用才刚刚提上日程。就像苹果手机创始人乔布斯曾说过,真不敢相信没有任何一个领域像教育领域那样信息科技应用如此滞后。因此,利用先进的信息科技改变落后的教学手段,更新原有的教育理念,丰富单一的教学方法,提高学生的学习兴趣,加强师生的沟通交流,改善教学效果等前景广阔,大有作为。

2. 翻转课堂在英语教学中应用的可行性

(1)教师方面。随着经济的迅速发展,社会对英语人才提出了更高要求。高校英语教学是优秀英语人才培养的重要途径,因此高校英语教学备受关注。近年来,随着教育改革的不断发展,高校英语教学也不断发展。英语教师作为英语教学的组织者、设计者和引导者,在高校英语教学发展中的重要性不言而喻。尤其是信息化英语教学给教师带来了很多机遇。再加上当前英语教师学历好、知识结构丰富，同时具有很强的好奇心，因此可以说，当前绝大多数英语教师综合能力和创新能力都是比较强的。不仅如此，还有很多英语教师具有十分丰富的教学经验，这些都可以指导学生更好地学习。除此之外，在计算机网络、互联网等信息技术的影响下，很多教师都对信息技术有一定的了解，并能熟练运用信息技术进行教学。这种信息技术运用能力为翻转课堂融入英语教学提供了技术保障。

还需要指出的是，在传统英语教学模式中，教师处于主体地位，是教学的权威者和主宰者，严重忽略了学生的主体地位，不仅约束学生的各种行为，还阻碍了学生的个性化发展。同时，教师在教学中采用的是"一言堂"的教学模式，教师只顾传授知识，学生只能被动地接受知识。这种以教师为中心的传统教学模式不利于激发学生学习英语的兴趣，甚至很容易使学生对英语产生厌倦心理。而在翻转课堂教学中，教师能够意识到自身角色转变的重要性，并重视学生的主体地位。

总之，无论是教师的专业知识、网络意识、综合能力，还是教师角色的转变，都为翻转课堂在英语教学中的应用提供了可能。因此，就教师层面而言，翻转课堂应用于英语教学是可行的。

（2）学生方面。随着互联网的发展，学生可以根据自身需要搜索知识。同时，学生通过互联网可以学习很多教科书中没有的知识，不仅拓宽了学生的思维，还有利于学生增长见识。因此，在当今互联网时代，学生的思维是开放和活跃的。同时，学生的接受能力、自主学习能力、创新能力都比较强。基于此，将翻转课堂这一信息化的产物融入英语教学中，对于学生而言，是十分容易接受的。

翻转课堂集多媒体技术、网络技术等信息技术于一体，改变了以教师为中心的传统教学模式，能够为学生提供自主学习的平台。同时，在翻转课堂教学模式中，知识传授是在课前完成，知识内化是在课堂上完成。也就是说，学生需要将课前预习结果通过课堂教学反馈给教师。学生也可以通过课堂教学提出自己在预习中遇到的问题。教师在课堂上会引导学生一起思考并解决这一问题。在这一过程中，教师可以了解学生在课前的预习情况，也可以根据学生的实际情况进行个别辅导，从而实现分层教学。可见，学生自身具有的思维、知识、能力以及接受事物的方式都为翻转课堂的融入提供了可能。因此，就学生层面而言，翻转课堂融入英语教学中是可行的。

(3)教学环境方面。在传统教学模式中,大多数教师采用的是"满堂灌"的方式,学生始终处于被动的地位。随着信息技术的迅速发展,多媒体技术已广泛应用于英语教学中,并在英语教学中发挥着至关重要的作用。在多媒体英语教学中,教师根据英语教学的目标以及学生自身的学习情况制作多媒体课件。教师通过多媒体课件来讲解知识。学生在教师的引导下,学习英语多媒体课件中的知识和内容,同时也会根据多媒体课件内容联系一些与英语有关的其他内容进行深入学习。另外,英语多媒体教学集文字、图片、音频、视频等于一体,有利于学生通过具体的情境来学习地道的英语。可见,教师习惯了用多媒体技术来教学生英语,学生也习惯了用多媒体技术来学习英语。可以说,英语教学的多媒体环境为翻转课堂融入英语教学提供了可能。

另外,很多高校都有完善的多媒体设备,这些也为翻转课堂在英语教学中的实施提供了可能。

总之,翻转课堂是一种新的教学方式,具有很高的推广价值。将其运用到英语教学中,不仅有教师和学生的支撑,也有多媒体教学环境的支持。因此,从总体来说,翻转课堂在英语教学中的应用是可行的。

(三)英语翻转课堂教学模式的实施策略

1. 英语翻转课堂教学模式的教学策略

(1)英语翻转课堂教学中学生学的策略。

第一,学生课前观看教学视频的策略。在传统教学中,知识的传授通常是在课堂上完成的。可以说,在传统教学中,课堂教学的过程就是知识传授的过程。而翻转课堂教学模式并不是这样。在翻转课堂教学模式中,知识的传授通常是在课前完成的。学生在课前观看教学视频的过程就是知识传授的过程。另外,学生在课前通过观看视频的方式来对英语理论知识进行初步学习,从而完成知识的传授。

学生在课前观看教学视频也要采取一定的策略——学习调控策略。翻转课堂教学中涉及的教学视频并不是很长,通常教学视频都会限制在 10 分钟之内。在如此短的时间内,学生要通过教学视频来完成理论知识的传授,首先必须要求学生具有很强的控制力和自制力,也就是说要管好自己。其次,学生要避免在喧闹环境中观看视频,应该选择一个相对安静的环境,这样有利于排除一切干扰因素,集中精力观看视频,学习英语知识。再次,学生可以根据自己对知识的掌握情况来操作教学视频,从而实现"倒带",对教学视频进行反复观看。学生在课前观看视频的过程中,遇到一些疑问是在所难免的。然而,在观看视频的过程中,也不乏一些成绩差、基础知识弱的学生,观看视频的目的就是完成学习任务,观看完一遍视频就认为已经完成了学习任务,这种对自己不负责任的态度不利于英语知识的学习和今后的发展。因此,学生在观看视频过程中,应该结合自己的学习情况,选择观看视频的次数和内容,只有这样才能将基础打牢。最后,学生在观看视频过程中,应该做好笔记。主要记录一些重点、难点以及自己感兴趣的知识和内容。这也是学生对观看视频的一种反馈。如果学生只是为了完成任务来观看视频,视频观看结束,仍然云里雾里,不知道视频中所讲的知识点是什么,那么学生观看视频是无效的。另外,如果学生在观看视频的过程中,无法将教学视频中的知识与自身已有的知识结构相结合,无法实现新旧知识的串通,同时缺乏思考问题的能力,那么学生观看视频也是无效的。总之,记笔记,将一些疑问或重点记录下来有利于培养和提高学生的问题意识。

第二,学生独立探究策略。独立探究策略是一种常见的策略,它不仅涉及学,也涉及教。独立探究策略无论是在学生学习,还是在教师教学中都发挥着至关重要的作用。实践证明,主体性是独立探究策略最为突出的特征。除此之外,独立探究策略还具有独立性、实践性等特点。在经济全球化、文化多元化、教学信息化的今天,社会对人才提出了新的要求,即具有独立探究能力。同时,独立探究能力是学生创新能力的基础和前提,只有具备了独立探究能力,才更有利于实现个体的价值。

英语翻转课堂教学模式不同于传统的英语教学模式。英语翻转课堂教学模式有利于调动学生的积极性和主动性,有利于学生根据自己的学习情况进行学习。传统教学模式只注重英语教学的效果,严重忽略了英语教学的过程。而英语翻转课堂教学在注重英语教学效果的基础上,更加注重英语教学过程和学生学习知识的过程。在这一过程中,教师的角色也发生了很大变化,由传统的主宰者转变为现代的引导者和设计者。学生积极主动地学习,在学习过程中,学生会独立探究自己遇到的疑难问题,教师在这一过程中起着引导作用。学生通过独立探究学习来解决遇到的问题,这样有利于提高学生的成就感,切实感受到独立探究带来的喜悦,这样就会形成良性循环,更加积极主动地投入独立探究中。

第三,学生合作学习策略。合作学习,顾名思义,就是通过与他人的合作来完成学习任务,实现学习目标。在合作学习实践中,主要有全体合作、教师与学生合作、教师与教师合作、学生与学生合作四种类型。

在英语翻转课堂教学中,学生也需要合作学习策略。合作学习的前提是要有一种合作的氛围。英语翻转课堂教学能够为学生的合作学习提供一种团结、合作的氛围。同时,英语翻转课堂教学模式不仅有利于提高学生的合作学习能力,而且有利于提高学生的交际能力,有利于建立平等的师生关系。除此之外,教师在合作学习中,充分扮演着自身引导者的角色,引导学生深入了解英语知识、独立建构英语知识,并熟练运用英语知识。

(2)英语翻转课堂教学中教师教的策略。

第一,教师制作教学视频的策略。翻转课堂在英语教学中是否能够取得良好的效果,与教师制作的教学视频是紧密相关的。因此,要想实现翻转课堂的有效应用,教师必须掌握制作教学视频的策略。结合可汗学院和林地公园高中制作教学视频的经验,下面,笔者对教师制作教学视频的策略进行简要分析。

截屏程序在教师制作教学视频的过程中发挥着不可替代的作用。教师在制作视频之后,有时候要对教学视频进行修改,删除一些不恰当或多余的教学视频。这时截屏程序就可以发挥作用了,它可以将一些不需要的视频去掉,从而完成对教学视频的修改。当教学视频完成之后,教师需要展示所制作的 PPT 时,也会用到截屏技术。

教师在制作教学视频的过程中,有时也会涉及视频的录制。这时就会用到一个录制软件——屏幕录制软件。屏幕录制软件在录制过程中起着重要的捕捉作用,能够快速捕捉到视频中的重点知识。另外,为了简单方便,有时在录制过程中也会使用另一种工具——网络摄像头。

对于教学中的重点和难点,教师可以借助数字笔在白板上做标记和注释,这有利于将教学内容的重点和难点标记出来,方便学生的理解。

总之,教学视频的制作关乎着英语翻转课堂的成败。总体而言,在制作教学视频时,教师应该着重关注以下几个方面:①防止教学视频时间太长,一定要将教学视频控制在 10 分钟之内,这有利于集中学生学习的注意力。②注重语速、语气、节奏等。流利的语言是教师制作教学视频的基础,也是教学视频制作成功的前提。同时,教师在制作教学视频过程中,要注重语速、语气和节奏,还要富有情感。只有这样,才能激发学生学习和观看教学视频的兴趣。如果教师在制作教学视频的过程中,语速过快或过慢、语气不当、节奏感不强,很容易使学生厌倦,更无法提高学生观看和学习教学视频的热情。③在具体制作教学视频的过程中,教师可以融入一些诙谐幽默的语言,营造轻松、愉快的学习氛围。

第二,教师教学生观看教学视频的策略。众所周知,在英语翻转课堂教学中,知识的传授主要是在课前观看视频中完成的。因此,学生课前观看视频的效果直接影响英语翻转课堂的效果。如何教学生观看视频是英语翻转课堂实施者必须重视的问题,也是英语翻转课堂教学模式实施的首要步骤。学生只有学会了如何观看教学视频,才能从中学到英语知识,为后期的知识内化奠定基础。所以,学生观看教学视频在英语翻转课堂教学模式实施过程中是十分重要的。教师应该研究和探讨教学生观看教学视频的策略。只有这样,才能促进学生认真观看教学视频。

教师如何教学生观看教学视频呢?下面对其进行简要分析。①对于一切影响学生观看教学视频的东西,教师要引导学生将其消除。最为常见的是,很多学生习惯于在观看视频的过程中听音乐,这时音乐就是干扰学生观看教学视频的不利因素,教师应该引导学生将音乐关掉。因此,为了提高学生观看视频的效率,教师应该在刚开始实施翻转课堂时组织学生一起观看教学视频,并对如何观看教学视频进行训练。同时,教师要教授学生如何控制视频,在自己观看教学视频中遇到疑问时如何暂停、如何重复观看。另外,教师要将教学视频的价值讲给学生,使学生意识到教学视频的价值。最为重要的是,教师通过集中训练,使学生对如何观看教学视频有初步的了解和认识,进而促进学生掌握教学视频。②在观看视频过程中,如何做笔记,也是教师教学生观看视频的重要内容。不同的学生采用的笔记记录方式也不同。教师要鼓励和引导学生找出适合自己的方式,从而将视频中的重点和难点记录下来。做笔记是观看视频不可缺少的步骤,它不仅有利于学生记录重点和难点,也有利于学生记录疑难问题,更有利于学生对视频中的知识点进行归纳和总结。③教师要求学生在观看完教学视频之后提出问题。这种提问的方式是考查学生观看教学视频的最好方式。只有认真观看了教学视频，才能提出有针对性的问题。同时，还有利于提高学生的问题意识。学生提出问题后，教师与学生之间就可以针对这一问题进行交流和讨论。在这一讨论中，教师与学生、学生与学生之间可以各抒己见，有利于师生之间的交流和互动，有利于问题分析的透彻性，这是传统英语教学模式无法比拟的。

总之，教师要想实施英语翻转课堂教学模式，就应该教学生观看教学视频。只有这样，才有利于提高英语翻转课堂教学的效果。

第三，教师课堂教学的策略。教学视频的制作是英语翻转课堂教学实施的前提，而课堂教学活动是英语翻转课堂教学实施的保障。英语翻转课堂教学模式是信息技术发展的产物，它不同于传统的英语教学模式。在英语翻转课堂教学模式中，教师组织和开展各种教学活动，鼓励学生积极主动地参与到各种不同的教学活动中，从而完成自己的学习任务，实现知识的建构。而传统教学模式忽略了学生的主体地位，只关注教师将知识传授给学生的情况，忽略学生的自主学习和个性化学习，学生只能被动地接受知识。

在英语翻转课堂教学模式中，教师要组织各种不同的教学活动，为学生的知识建构奠定基础。在具体的课堂教学中，教师可以结合英语教学的目标以及学生的实际学习情况来选择恰当的课堂教学策略。教师可以开展英语对话活动、英语演讲活动、英语阅读活动、英语交际活动等课堂活动，激发学生学习英语的兴趣，进而为学生提供更多的英语实践活动。教师可以鼓励学生积极主动地参与到课堂活动中来。

除此之外，教师还可以通过提出问题的方式来对学生进行引导。教师所提出的问题必须结合本节课的核心，具有针对性。这种提问，不仅有利于教师了解学生观看视频的情况，还能对学生的学习起到引导作用。同时，教师在课堂上要注意教学氛围的愉悦性和放松性，鼓励并引导学生结合自己观看视频的情况，阐述自己对教学视频的观点，或对一些比较难理解的知识提出自己的疑问。

综上所述，英语翻转课堂教学模式改变了传统的以教师为中心的教学模式，确立了学生的主体地位，教师也由传统的权威者转变为现在的引导者。学生作为教学的主体，教师如何引导学生快速、高效地学习，是每个英语教师必须思考的问题。这就要求英语教师除了具备扎实的知识外，还要具备信息技术运用能力、课堂管理能力等。总之,英语翻转课堂教学模式有利于英语教学效率的提高,有利于英语教学目标的实现,有利于学生的全面发展。

(3)英语翻转课堂教学中教学相辅的策略。随着经济的发展,社会对人才的要求越来越高。自主意识、合作意识和探究意识是当今社会对人才提出的新要求。基于此,高校也应该结合时代的要求,培养学生这三种意识。众所周知,英语翻转课堂集自主意识、合作意识和探究意识为主体,为英语人才的培养提供了保障。同时,英语翻转课堂教学模式确立了学生的主体地位,引导学生自主学习、合作学习和探究学习,从而使学生在自主和合作学习中完成对知识的探究和学习。

英语翻转课堂教学将学生的自主性学习置于首位,要求学生自己掌控自己的学习进度。英语翻转课堂教学主要分为两个阶段,一是课前观看视频,也就是知识传授阶段;二是课堂独立完成作业,也就是知识内化阶段。在这两个阶段,学生自主学习占据重要地位。在知识传授阶段,也就是观看教学视频阶段,学生在认真观看视频的过程中可以结合自身实际情况,选择视频播放的进度,以及是否需要暂停、前进或倒退。在知识内化阶段,也就是独立完成作业阶段,学生应该学会独立思考,将观看教学视频时遇到的问题提出来,让教师帮忙解决。可见,英语翻转课堂教学不同于传统的英语教学模式,它为学生提供了个性化的发展平台,有利于学生的个性化发展。需要指出的是,尽管英语翻转课堂注重学生的自主性,但并不意味着放任学生,不受教师的引导。

教师在制作教学视频过程中,也可以适当借鉴其他优秀教师制作的优质视频。但还应该以自己的思路为主,尽可能地根据学生的实际情况、教学目标来制作教学视频。只有这样才更适合学生的学习,也才能更好地提高学生的学习成绩。

在英语翻转课堂教学中,教师要以学生为中心,为学生营造自主学习的环境。同时,教师要充分发挥自己的指导作用。当学生遇到问题时,教师要及时给予指导。另外,要想更好地实施英语翻转课堂教学模式,教师还应该重视教学活动的设计。科学、合理的教学活动设计能够调动学生学习英语的积极性。除此之外,教师在英语翻转课堂教学中还应该重视评价。在评价过程中,教师应该以学生平时的学习情况为依据,对学生的学习做出公正、科学的评价,并及时将评价结果反馈给学生,使学生根据评价了解自己的学习情况。

英语翻转课堂教学提倡学生合作学习、探究学习,能够掌控自己的学习过程。但在学生学习过程中,教师的引导作用也是不可缺少的。在具体的教学中,教师应该为学生提供一个合作、探究的学习平台,鼓励学生积极探讨和交流。教师也要充分发挥自己的指导作用,从而达到共同进步的目的。

总之,无论是学生在合作学习时还是独立探究时,都需要教师参与其中,适时进行指导,从而提高学生的合作能力及理解问题的能力。同时,在独立探究过程中,教师要意识到个别辅导的重要性,并针对不同学生遇到的不同问题进行个别辅导。因此,在英语翻转课堂教学中,虽然教师的角色发生了变化,但教师并不是可有可无的,教师的指导作用仍然十分重要。

2. 英语翻转课堂翻转的程度策略

英语翻转课堂采用适当的策略,可以调动学生的学习积极性,有效实现英语翻转课堂。

(1)分步翻转策略。对于习惯了传统课堂的学生来说,英语翻转课堂必然使学生的学习负担加重,突然大面积的英语翻转课堂不一定能收到良好效果,因此要给学生一个适应过程。从翻转课程的数量来看,要采取循序渐进的策略,逐步增加课程,刚开始可以每学期进行2~3门课的翻转,逐步适应后,可以对全部专业核心课程进行翻转。对于一门课来说,不要第一节课就进行翻转,各门学科自有其不同于其他学科的学习规律以及与其适应的学习方法。教师在课程前期阶段可以为学生示范学习方法,进行适当的讲解,使学生在中后期的自主学习过程中少走弯路。国家推行一些新政策时,首先在一部分地区进行试点,取得经验后再全面展开,英语翻转课堂也是如此,这样可以避免学生的反感。

(2)局部翻转策略。为学生设计的自主学习任务轻重要适当,如果全部内容都由学生课外自学,则需要大量的课外时间。在课时没减的情况下,可以把一些非重点内容作为学生自学内容,重点特别是难点内容留待课堂教师和学生共同学习,以减轻学生的课前学习负担。

(3)教学内容翻转策略。传统课堂中教师讲授的基本概念和原理等需要记忆和领会的知识可以作为学生课前自主学习的内容,而运用、分析、综合和评价等较复杂的有一定难度的内容可以放在课堂上通过教师的帮助来完成。

（4）教学评价翻转策略。最为常见的策略有激励策略、制度策略、学习共同体策略、文化熏陶策略等。这些策略有利于促进教师和学生的深度学习场域建构，有利于实现教学评价的目标。

四、英语教学创新中混合式教学的引入

（一）混合式教学的内涵

1. 混合式教学的概念

混合式教学是网络技术迅速发展的产物，也是教学领域中的一种新方式。所谓混合式教学，就是传统课堂教学与网络在线教学的有机融合。这种新的教学方式有利于教师合理安排教学活动，也有利于学生根据自己的学习情况科学规划自己的学习进度。可以说，混合式教学是传统教学的延伸，是网络在线教学的补充，既弥补了传统教学的不足，又发挥了网络在线教学的优势。尤其是在信息化迅速发展的今天，信息技术和网络技术在教育教学领域的应用越来越广泛，混合式教学日益受到关注。

2. 混合式教学的内涵

第一，传统教学＋网络在线教学的结合。传统教学的主要媒介是课堂。在课堂教学中，教师借助黑板、多媒体将知识传授给学生，教师与学生之间的交流是面对面的。而网络在线教学的主要媒介是移动终端设备，移动终端设备中拥有教师上传的优质教学内容，这些教学内容都是共享的，学生可以根据自己的学习情况来合理选择、科学规划学习，从而使自己更加深入地学习。

第二，在混合式教学中教师面临着新的要求。长期以来，我国的教学一直采用传统的教学模式，教师只需将知识讲授给学生即可，学生只能被动地接受知识。而在混合式教学中，教师不仅要给学生讲授知识，还需要考虑学生对知识的接受度。同时，教师还应该根据学生的学习情况及时调整教学内容和教学活动，从而使教学内容和教学活动能够跟上学生学习的进度。可以说，在混合式教学中，教学内容、教学活动都是动态变化的，其目的就是促进学生更好地学习。

第三，重视学生的个性化差异和发展。混合式教学包括传统教学和线上教学。线上教学重视学生的个性化差异，鼓励学生自主学习，这样有利于学生个性化发展。同时，学生可以根据自己的学习情况进行线上学习，这样在课堂教学中

就有了充分的准备,可以避免传统教学中的被动局面。

3. 混合式教学的特征

(1)线上＋线下。混合式教学包含线上教学和线下教学两种形式,既要有学生线上的自主学习,也要有师生面对面的集体学习。

(2)线上教学是必备活动。这里强调"必备"就是为了说明混合式教学中的线上教学部分不是可有可无,也不是锦上添花,而是必备的核心教学活动。如果脱离线上教学部分还能继续进行的教学,就不是我们所说的混合式教学。

(3)线下是线上的延续。这里特别强调了"延续"一词,就是为了说明混合式教学的线上和线下两部分教学不是彼此分离的,而是有机统一的。线上部分的学习是线下部分学习的基础和前提,线下部分的学习是线上部分学习的延续和提升。如果线上和线下两部分的学习彼此独立,各行其是,同样不是我们所说的混合式教学。

(4)一定会重构传统课堂教学。混合式教学集传统教学与网络在线教学于一体,打破了传统教学中时间和空间的限制。有了这个技术优势,传统的课堂教学活动一定会被重新建构。

(5)没有统一的模式。我们所理解的混合式教学不是模式统一的教学,而是传统教学与网络在线教学的有机融合,也就是实现了线上和线下的融合。

(6)狭义的混合。这里的"狭义"就是把"混合"限制在线上＋线下两种教学手段的组合上,而不是其他方面的混合。因为当前有的人把不同教学模式、不同教学方法、不同教学手段甚至不同教学理念的混合式都界定为混合式教学,这种界定对于指导教学实践意义不大,在这样的语境下很难找到不是"混合式教学"的教学实践。

(二)混合式教学对英语教学的积极影响

1. 英语课程学习不受时间地点的限制

随着信息技术的发展,现代化设备在教育教学中的应用更加广泛。信息技术具有开放性、丰富性、自由性等特点,有利于提高英语教学的效率和目标。同时,网络平台上有多种类型的英语教学视频,且这些教学视频内容丰富、涉及面广泛、讲解清晰、针对性强。学生可以根据自己的学习情况和学习时间有针对地学习网络上的教学视频,从而使碎片化学习成为可能,也使学生的时间得到了最大化利用。

在"线上＋线下"这种双线性的教学方法运行中,教师可以通过在网上自主搜索先进的资源,丰富自己的英语教案内容,弥补了传统教学内容单一的弊端。混合式教学的这种线上线下教学模式打破了时间和空间的限制,使教师和学生自由安排时间体验英语教学内容,同时拉近了教师与学生的距离。

2. 创新教学模式,提供丰富的英语资源

混合式教学模式是传统教学与网络在线教学的有机结合,是一种新型的英语教学模式。尤其是线上教学拥有丰富的英语资源,在很大程度上为学生的学习提供了支持和保障。但这些丰富多样的英语资源也给学生带来了选择上的困难。因此,教师和学生在选择网络英语资源时要结合自己的需求,然后结合网络课程的点击量,不要盲目地去选择。另外,教师也可以在网上搜寻一些点击量较高的教学视频,并将这些视频内容制作成较为精良的课程内容,以切实满足学生的需求。

(三)英语混合式教学模式构建

为了使英语教师更好地进行英语教学,笔者对英语混合式教学模式进行了设计。

1. 引入阶段

在引入阶段,教师主要以《大学英语教学指南》为依据来进行英语课程的具体设置。通过课程的引入,学生能够提高对英语课程的认识,并意识到英语课程的重要性。

另外,教师可以采用形式多样的教学内容来引入,比较常见的有提问、故事讲述等。

2. 目标设定阶段

在应试教育的影响下,英语教学的目标通常注重学生的学习内容以及学生的应试能力,完全忽略学生的认知、行为和情感等。混合式教学作为一种新型的教学模式,应该结合时代的发展以及教育改革的要求,注重高阶目标的设定,例如在提高学生语言技能的基础上,提高学生的分析能力、创造能力和跨文化交际能力,进而提高学生的专业英语能力、创新能力等综合能力。

3. 教学过程中的前测阶段

前测通常发生在教学之前,其目的主要是了解学生的现有英语水平、学习需求、英语学习的兴趣程度。所以,在英语混合式教学模式构建中,教师应该注重教学过程中的前测阶段,采用提问、考试等方式对学生的具体情况进行测试,这有利于为教师后续的教学提供依据。

4. 参与式学习阶段

教师在实施英语混合式教学模式时,应该根据教学目标及学生的实际情况,开展与之相关的英语教学活动,并鼓励学生积极参与和讨论。总之,参与式学习对英语混合式教学模式的实施是十分重要的。

5. 后测阶段

后测是相对于前测而言的,是前测的一种延伸。教师完成教学之后,要想了解学生对知识的掌握情况,就可以采用后测的方式。在英语混合式教学中,教师也应该注重后测。具体而言,教师在后测阶段,除了要测试学生对教材知识的掌握外,还应该测试学生的英语技能、英语应用能力、英语表达能力、理解能力等,从而及时调整自己的教学进度。

6. 总结阶段

总结阶段也是英语混合式教学模式构建的重要内容。除了总结学生的学习情况外,教师还要对自己的教学进行反思,并以此为依据,不断学习、不断进取,使自己能够适应时代和教育改革的发展。

第三节　基于任务型教学的英语教学实践创新

一、任务型教学模式的特点与价值

(一)任务型教学模式的特点

1. 教学内容的真实性

任务型教学模式注重内容的真实性,这是任务型教学模式的显著特点。具体而言,任务型教学的内容大多数都与学生的日常生活密切相关,同时教学活动也是丰富多彩和富有层次的。任务的不同阶段有不同的任务或活动设计。例如,任务的初级阶段,主要注重的是意义的建构和机械性的活动;到了任务的中级阶段,尤其是在任务的高级阶段,主要注重的是知识运用方面的活动设计。无论任务的内容如何设计,都尽可能地贴近学生的生活,保证内容的真实性。

2. 循序渐进的任务链

在传统的教学模式中,虽然有具体的教学程序、任务和步骤,但大多数教学程序、任务和步骤之间是孤立存在的,并没有紧密的联系。而任务型教学模式作为教学中的一种常用模式,它不同于传统的教学模式,它包含数个不同的任务,且每个任务之间并不是孤立存在的,而是相互联系、相互制约、相互促进的。具体而言,在任务型教学模式中,任务的设置都是循序渐进的,遵循着由简单到复杂的顺序,同时,任务与任务之间都是紧密相连的,具有层次性、关联性、连续性等特征。另外,任务型教学涉及的任务十分广泛,单一的、综合的、输入的、输出的、初级的、高级的等。正是这些广泛的任务形成了一个循环的任务链,这些任务之间是相互促进、共同发展的。

3. 师生角色的转变

众所周知,在传统的教学模式中,教师是绝对的权威者和传授者,处于语言教学的主体地位。而学生只能被动地接受教师传授的知识。可见,传统的语言教学模式严重忽略了学生的主体性地位。而在任务型教学模式中,教师不再是权威者,不再处于语言教学的主体地位,同时这一模式确立了学生的主体地位。教师的角色发生了一定转变,教师负责设计任务、提供资料、组织教学活动、引导学生学习等。可见,教师由传统的权威者转变成设计者、提供者、组织者、引导者、示范者等。

相应地,学生的角色也发生了一定的转变。在传统的语言教学模式中,学生的主体地位被严重忽视,学生是知识的被动接受者。而在任务型教学模式中,学生的语言项目使用不受限制,可以独自完成学习任务,也可以与小组内的其他成员通过合作的形式完成学习任务。学生可以自由使用语言形式和项目,充分发挥自己的特长,发挥自己的创造力等。总之,任务型教学模式以学生为中心,学生由传统的被动接受者转变为主动参与者、自主学习者、主动思考者、积极合作者、调控者。

4. 评价方式的转变

任务型语言教学模式与传统的语言教学模式在评价方式上有很大的不同，下面从不同方面对其进行简要分析。

就评价目标而言，传统语言教学模式注重评价的结果、最终的成绩等；而任务型语言教学模式注重评价的过程、能力的提高和发展。

就评价内容而言，传统语言教学模式注重单一语言知识的传授；而任务型语言教学模式主要重视的是语言的应用能力、语言的学习过程。

就参与评价主体而言，传统语言教学模式主要注重教师评价，评价的主体具有单一性的特点；而任务型语言教学模式的评价主体具有多样化的特点，不仅包括教师评价、学生评价、同伴评价，还包括家长评价、社会评价等。

就评价手段而言，传统语言教学模式主要采用的是单一性的评价手段，通常主要通过采用固定性考试的手段来对学生的学习情况进行评价；而任务型语言教学模式采用的评价手段也是多元化的，不仅包括测试性评价与非测试性评价，还包括形成性评价与终结性评价。同时，还包括教师评价、学生间互相评价、学生对自己的评价等。

就评价效果而言，传统语言教学模式受应试教育的影响，用考试和分数来衡量教学的效果，教师之间、学生之间的攀比性很高；而任务型语言教学模式注重学生合作精神的培养，鼓励学生积极主动参与学习活动。

（二）任务型教学模式的价值

1. 英语教学方面的价值

（1）增加语言的输入和输出。根据克拉申的输入假设可以知道，语言的使用与理解性输入有直接的关系，并不是教师通过教学教出来的。由此可见，在教学中尤其是语言教学中，要想习得语言，就应该注重语言的输入。在此基础上，斯温对语言习得进行了更加深入的研究，他认为，语言输入是语言习得的基础和前提，语言习得不只与语言输入有密切的联系，还与语言输出有紧密的联系。只有可理解输入与可理解输出有效融合，才有利于语言习得，也才能使学生更好地学习语言和使用语言。从上述分析可以看出，大量的语言输入与输出是一种理想情况，对于语言习得具有重要的意义。在任务型语言教学中，其目的就是采用各种手段为学生提供真实的情景，从而促进学生更好地学习和使用语言。

众所周知,在传统教学模式中,教师是教学的中心,学生只能被动地接受知识。而在任务型语言教学中,教师注重任务的设计及小组活动。这样对于课堂有限的语言教学而言,增加了语言的输入。语言的输入也使语言的输出有了一定的增加。

除此之外,在任务型教学模式中,学生的中心地位越来越突出。学生学习的积极性、主动性也有了很大程度的提高。在课后,学生会根据自身的情况自主搜集一些资料,同时通过互动、交流的方式分享给其他同学。在交流、分享的过程中,有利于学生理解语言、使用语言,有利于学生自主学习能力的培养,有利于学生的语言输出,同时有利于学生交际能力的提高。各种学习任务也会在一定程度上丰富语言相关的资料。

(2)改变学习环境和学习方式。

第一,学习环境的改变。学习环境是教学目标实现的基础,是教学效果提高的保障。长期以来,我国采用传统的语言教学模式,忽略了学生的个性、兴趣、特长、自主学习、价值观等,对学生过于严格,没有留给学生足够的学习和思考时间。这种传统的教学模式不利于激发学生学习语言的兴趣,也不利于提高学生的热情。

而任务型教学法能够为学生学习提供真实的情景和轻松愉悦的学习氛围。在此情况下,可以激发学生学习的兴趣,调动学生学习语言的积极性,有利于学生积极主动地参与到教学活动中,认真思考,不断努力,从而更好地完成任务,感受任务的重要性和意义。

可见,任务型教学模式与传统语言教学模式不同,它在学习环境方面发生了显著的变化。具体变化简要分析如下:

就课内学习环境而言,传统的语言教学模式严重忽略了学生的主动性;而任务型语言教学模式注重学生学习主动性的调动。

就课内语言环境而言,传统的语言教学模式不注重学生语言的运用,很少为学生提供语言运用的机会;而任务型语言教学模式注重语言的输入和输出,注重功能语言的运用,并采用多种方式为学生提供各种语言运用的机会。

就校内学习环境而言,传统的语言教学模式以教师为中心,严重忽略了学生的主体地位,师生之间是一种不平等的师生关系;而任务型语言教学模式以学生为中心,注重教师的引导作用,注重平等、和谐、融洽师生关系的建立。

就校外学习条件而言,传统的语言教学模式不注重语言的接触和运用;而任务型语言教学模式十分注重语言的接触和运用,并为学生提供大量机会。

学习环境的改变不仅对语言教学具有十分重要的意义,对英语教学也具有十分重要的意义。

第二,学习方式的改变。传统的教学模式主要注重教师讲授知识,学生被动地接受知识;而任务型教学模式十分重视学生的小组学习。将小组学习运用到外语教学中具有十分重要的意义。笔者对其进行简要分析。①为学生提供真实的学习情境,激发学生学习的兴趣,提高学生学习的积极性;②为学生营造轻松、愉悦的学习环境,使学生更加轻松地学习和思考;③注重学生的特长和兴趣,注重个别教学和辅导;④注重学生目的语的使用,有效提高了使用效率和质量;⑤学生更加倾向于使用目的语,尤其是在小组学习中。

综上所述,任务型教学注重小组学习,而小组学习有利于激发学生学习的兴趣,促进学生积极学习。尤其是对英语教学而言,任务型教学模式能够为学生提供真实的语言学习情境,对英语教学的开展和发展具有十分重要的意义。同时,任务型教学模式注重个别辅导,注重学生语言的运用和实践,为学生提供了互动和交流的平台。除此之外,小组学习还有利于学生意识到合作学习的重要性,并在小组学习中不断培养自己的合作精神。

(3)实现互动性课堂教学。就本质上而言,任务型教学具有很强的互动性。因此,任务型教学模式可以实现互动性课堂教学,有利于提高英语教学效果,实现英语教学目标。下面对互动性课堂教学的优势进行深入分析。

第一,角色的动态性。基于互动性的课堂教学并不是静止不变的,即使是教师、学生等课堂教学的角色也是动态性的。具体而言,可以从以下四个阶段进行分析。①启动。在启动阶段,教师主要扮演的是设计者的角色。这种角色要从整体的角度来进行教学设计,需要考虑的因素有很多,如任务形式、活动语境、学生学习情况、任务内容、语言材料等。除此之外,教师还应该鼓励并引导学生积极参与到教学设计中,结合学生的实际情况,融入一些代表性的观点,从而使教学设计和教学活动与学生的动机不谋而合。②展开。在展开阶段,教师主要扮演的是组织者、辅导者和参与者的角色。在启动阶段结束之后,学生就进入了展开阶段。教师要充分发挥自身的指导作用,对学生进行辅导。作为参与者,教师与学生共同互动、共同参与,共同营造良好的学习氛围。③深入。在启动和展开阶段结束之后,就进入了深入阶段。在深入阶段,教师主要扮演的是促进者的角色。这种角色的目的是提高学生学习的热情,促进学生积极参与,不断进步。对于学生而言,学生扮演的是发现者的角色,主要目的就是发现问题。在这一过程中,学生能够发现问题、思考问题,分析和研究问题,从而促进教学活动的进一步发展。④结果。在结果阶段,教师的角色发生了改变,主要扮演的是评价者与观赏者的角色。教师应该结合学生的实际情况,对学生的学习情况进行综合衡量和评价,对学生表现出来的优点给予一定的表扬,对于学生表现出来的不足也不要一味地指责,而要帮助学生分析,并鼓励学生不断改正,从而促进自身全面发展。对于学生而言,学生的角色也发生了改变,学生扮演的是评价者和观赏者的角色。同时,教师应该引导学生自主学习,促进学生自我评价,使学生在自主学习的同时学会自我评价。

第二,互动的多维性。在传统的教学模式中,教师主要采用的是"满堂灌"的教学模式,学生只能被动地接受知识。传统教学模式强调的信息互动,其实只是一种单向的互动,即教师将信息传递给学生的单向互动。从本质上来说,并不能称得上是真正意义的信息互动。而任务型教学模式强调的信息互动才称得上是真正意义的信息互动。同时,任务型教学模式强调的互动具有多维性的特点。具体而言,主要包括教师与学生之间的互动、教师与教师之间的互动、学生与学生之间的互动、个体与群体之间的互动、个体与个体之间的互动、群体与群体之间的互动等。

在具体互动中,教师与学生并不是孤立的,也不是传授者与被动接受者的关系。而是教师与学生之间共同参与、共同互动,形成的是一种平等、和谐的师生关系。另外,还需要指出的是,信息的发送者、接受者、加工者,不仅是教师,还包括学生。

第三,合作共享。任务型教学模式是一种互动性很强的教学模式,它具有合作共享的特点。对于这一特点的理解可以从以下两个方面入手:①合作性。在信息传递中,教师与学生、学生与学生之间所拥有的信息是不同的,这就形成了彼此之间的信息差,通过任务型教学模式的互动性可以填补这种信息差。②共享性。在信息处理中,教师与学生、学生与学生之间所拥有的信息并不是封闭的,而是资源共享的。

还需要指出的是,信息差是合作共享的基础。要想实现合作共享,就应该在教学设计过程中融入信息差。同时,合作共享的实施还与教学的组织形式有紧密的关系。而小组活动,是任务型教学模式常用的一种形式。

第四,体验创造。学生运用已有知识进行交流和表达思想的过程就是创造的过程。具体可以从以下几个方面来理解。①理解的创造性。学生结合自己已有的知识结构、经验等对信息进行编辑、加工、整理。这一过程反映了学生理解的创造性。②语言的创造性。学生结合实际需求,对自身已有语言知识进行整理、加工和重新组合,从而将自己的真实情感融入其中。③交际的创造性。交际中势必会存在信息差,即使进行不同程度的填补,也会产生新的信息差。

在语言教学中,要想使学生能够体验到语言学习中的这种创造性,教师应该注重教学活动情境的设计。任务型语言教学模式也不例外。教师在教学活动设计过程中,应该综合考虑多种因素,如教学因素、学生因素、环境因素等。只有这样,才能使学生在互动中体验创造。

2. 素质培养方面的价值

(1)调动学生的学习积极性。任务型教学模式不同于传统教学模式,它有明确的任务,注重真实情境的创设和学生的互动,有利于激发学生学习的兴趣和积极性。

(2)培养学生的自主学习意识。任务型教学模式主要分为任务前、中、后三个阶段。在每个任务阶段,学生为了更好地完成任务就应该积极主动地学习、参与、思考、交流与实践,在这一过程中,有利于学生总结语言学习的规律,培养自身的自主学习意识。

(3)提高学生的语言运用能力。任务型教学模式主要以任务为中心。在具体实施过程中,教师会设置形式多样的教学任务,这样有利于学生在不同的任务中综合运用已学习的语言,提高语言运用能力与交际能力。

(4)培养学生的合作意识。任务型教学模式不仅注重任务的多样性,还注重学生的互动性。学生为了更好地完成任务,就会积极参与到小组讨论中,与其他成员进行互动,这样有利于培养学生的合作意识。同时,在互动过程中,学生不仅可以抒发自己的观点,也可以从他人观点中获得启发,这有利于学生意识到团队合作的重要性,进而有利于提高学生的合作意识。

二、任务型教学模式在英语教学中的实施

(一)英语任务型教学模式的实施步骤

1. 任务前的实施步骤

任务前阶段是英语任务型教学模式实施的前提。准备阶段与呈现阶段都是任务前阶段的实施步骤。任务前阶段是任务型教学模式不可缺少的阶段,其主要包括两方面作用:一方面,通过任务前的准备工作和呈现工作来激活学生的已有知识体系和思维,使学生能够在已有知识体系的基础上构建多元化的语言系统;另一方面,为任务实施的下一阶段做准备,使学生能够积极主动地学习,积累丰富的知识,为任务的完成奠定基础。

(1)任务的准备。在任务的准备阶段,学生要积极地参与到任务中,并通过多种手段获取信息并对信息进行相应的处理,同时还要对这些信息内容进行表达,从而提高自身的语言技能和表达能力。具体到英语教学中,教师在任务准备阶段,还应该注意英语输入的真实性以及英语任务设置的难易程度。只有这样,才能使学生更好地为英语任务的下一阶段做好准备。

(2)任务的呈现。任务的呈现,简单理解就是教师向学生介绍需要完成的任务。同时,强调完成这一任务需要学生利用新的语言知识。除此之外,教师还应该根据学生的具体学习情况,为学生创造真实的情境,从而调动学生学习语言的积极性。

2. 任务中的实施步骤

任务中阶段对学生的语言习得起着至关重要的作用。在任务中阶段,教师应该结合学生的实际学习情况,合理选择任务,避免任务的难度过高或过低。具体到英语教学中,一旦出现任务过高或高低的现象,教师要对此采取具体的措施。

在任务实施过程中,学生为了更好地完成任务,可以采取多种方式,如小组形式、辩论形式、自由组合形式等。在英语任务型教学模式中,小组活动的形式比较受欢迎。在小组活动设计中,设计者要明确小组任务与个人任务并不是孤

立存在的,而是相互促进的,同时要明确师生之间的关系与角色转变。在小组活动开展过程中,教师要对学生进行及时指导,从而促进教学目标的实现。

除此之外,教师可以与学生积极互动,甚至主动融入小组活动中,与学生共同参与任务、共同学习、共同讨论,从而形成平等、和谐的师生关系。同时,教师还可以及时了解学生完成任务和对知识的掌握情况,并以此为依据,及时调整教学方式,从而促进任务的高效完成。

3. 任务后的实施步骤

经过任务前、中阶段之后,就进入任务后阶段。这一阶段的实施主要包括对任务的汇报和评价。经过任务的实施后,小组内可以选取代表在课堂上发言,总结和汇报本组内任务完成的具体情况。在这一过程中,教师主要扮演指导者的角色。

之后,教师应该对每个小组任务完成的情况进行评价。不仅要指出小组完成任务的长处,还要指出小组完成任务的不足,从而使小组明确自己的优点和不足。同时,教师应该给予优秀小组一定的奖励。另外,在任务评价过程中,教师不仅要科学、公平地评价对每个小组进行评价,还要鼓励学生之间的互评,这有利于学生正确认识自己、客观评价他人。

(二)英语任务型教学模式的实施路径

1. 严格遵循教学大纲

教学大纲在英语任务型教学模式实施中发挥着不可替代的作用。因此,教师在实施这一模式时,要以教学大纲为中心展开教学。下面对任务型教学大纲进行简要分析。

(1)教学过程需要具体明确。

(2)教学原则需要清晰明了。

(3)教学中任务的选择要有一定的倾向性。

(4)任务的设计和难度要具体分析。

(5)任务的结果要进行评估。

(6)教学中教师的语言要达到意义与形式的平衡。

(7)教学和学生在任务型教学中的角色要明确。

(8)学生在任务教学中要有交际的机会,从而促进学生认知方面的发展。

（9）任务型教材的编写与使用要和当地具体实际相结合。

（10）教学过程中交际策略的使用、任务设计的动机、任务的目标和任务处理要在教学大纲中具体明确。

在教学大纲中具体阐述上述内容，能够为英语教师指明方向，因此使任务的实施更具系统性，同时增加了英语教学实施过程中的科学性和可操作性。

2. 深入理解教学原则

在任务型教学实践中，需要以教学原则为依托，教师不能随意根据心情进行教学。教师在任务设计时要遵循教学原则，同时为了提高任务实施的可行性和可操作性，还需要注意以下几点。

（1）教师在任务设计时应该注意其可操作性，不能脱离具体的教学条件。

（2）教学活动要具有多样性，这样才能保证多种类型学生的需求，也能满足学生自主选择学习内容的需要。

（3）任务的设计要具有层次性，也就是说，任务要有不同的难度梯度。这是为了满足不同学习层次的学生的要求，进而提高学生的创造力和审美力以及相互间的协作能力。

（4）当学生完成相应的任务时，教师应从学生的完成情况看出学生的具体学习水平。

（5）任务型英语教学并不是将任务局限在课堂英语教学中，学生也可以在课内外对任务进行研究和学习。

总而言之，设计的任务活动要突出趣味性、可操作性、科学性、交际性、拓展性、真实性、整体性和层次性，这有利于培养学生的创造思维能力，有利于学生用外语解决实际问题，有利于提高学生综合运用语言的能力。

3. 了解学生的认知水平

学生主体性的原则要求教师在任务型英语教学实践中以学生的认知为标准。需要提及的是，以学生为中心，并不是将课堂时间完全交给学生处理，而是要合理分配课堂时间，对学生的学习特点进行关注，对学生的学习过程进行观察，对学生的学习心理进行分析，对学生的学习思维进行了解。

因此，实施任务型英语教学法应该对学生进行关注，用个性化的教学方式指导英语语言教学。同时，教师在学生完成任务的过程中还需要对他们的学习模式和学习特点进行观察,找出学生学习上的不足,进而加以指导。

4. 掌握任务型教材

众所周知,教学理念的实现需要相应的教材作为依托,任务型英语教学法也是如此。任务型英语教学的教材应该具有以下几个特点。

(1)教材的设计要以任务为核心。任务型英语教学就是在完成任务过程中让学生自然地使用所学语言,使其在使用所学语言的过程中发展语言能力。因此,任务型英语教材不应该直接地呈现各种语言知识和素材,而应该设计各种不同的任务来提高学生的英语习得水平。

(2)任务型教材中出现的语言材料应力求真实。所谓真实性的材料,指的是生活中经常出现的语言素材,如报纸、杂志、广告、公告、通知、产品说明书、操作指令、书信等。需要注意的是,这些真实性的材料是用于公众交际,并不是专门为了教材的编写而设计的。若是为了教材而专门设计的英语语言材料必然会丧失其真实性。

(3)教材中要突出真实的交际目的。根据任务型英语教学思想编写的教材无论使用何种类型的任务,都要突出其交际的真实性。所谓交际的真实性,是指学生完成的交际活动具有真实的交际需求、真实的交际语境和真实的交际对象。

5. 与课外教学相结合

在利用任务型教学法进行英语教学时,教师不能仅仅将课堂作为任务完成的场所,而应该开放思维,将教学任务延伸到课堂教学之外的生活中。也就是说,教师应该充分利用课外教学辅助任务教学。

需要注意的是,利用课外教学进行任务教学并不是将学生的学习时间延长,而是教会学生在日常生活中运用英语知识,进而达到知识的巩固和进步。课外英语教学可以通过以下几种方式进行。

(1)布置一些学生感兴趣的课外作业。学生的课外教学应该是丰富多彩、充满乐趣的,因此教师可以设计一些调动学生兴趣的课外活动和作业让学生在课下完成。通过课外英语教学,学生学习的主动性和积极性会得到提高,同时学生独立完成任务的能力也会得到锻炼。

(2)开展多样的课外活动。在课外活动中,学生可以摆脱课堂上的束缚,从而产生无穷的乐趣。而且通过课外活动学生的学习热情也会被激发,课外活动中的任务能够对学生的英语知识进行巩固。学生的课外活动可以通过下列几种方式进行：①英语比赛活动。在大学的不同阶段，教师可以组织学生开展丰富多彩的英语竞赛活动，如英语单词竞赛、英语作文竞赛等。②英语表演活动。英语表演活动的开展对学生的语言表达，团队协作等都有重要的影响。通过英语表演活动，学生可以在一种互帮互助的环境下进行语言的学习，这是一种深受学生喜爱的活动。③开办英语角。英语角的开办能够为英语学习爱好者提供一个互相学习的基地，使学生乐于用英语表达和沟通。

三、中国本土化的英语任务型教学模式

把任务型教学的合理成分与中国本土英语教学法的优点进行整合，就构成了中国本土化的任务型英语教学模式。该教学模式由任务呈现、真实学习任务和真实任务活动构成。在该教学模式下，学生完成预定的学习任务并不是最终目的。

任务型英语教学中国本土化的模式是通过学生完成不同的任务，促进他们不断地学习英语，从而提高英语水平，在获得语言准确性的同时提高语言的流利性。该模式为学生提供了明确的学习目的和有利于学生活动开展的情景，教师根据学生的理解能力和学生已有的知识经验，设计和选择有目的的活动让学生参与，学生通过完成具体的任务，树立自信心，其语言综合能力会得到培养，交际水平也会有很大提高。

(一)任务呈现

任务呈现阶段可以称为任务型英语教学的预热阶段。在任务呈现阶段，教师将主题介绍给全班，其目的就是激活学习者原有的与主题相关的词汇和短语，减轻学习者认知加工的负荷，同时让学习者理解任务目标和要求，帮助熟悉话题，预测内容，由此激发学习者的学习兴趣，强化学习者的学习动力，增强学生完成任务的自信心。由于这一阶段只起热身的作用，教师在这一阶段不要花太多时间。

英语教师要根据学生的具体情况和教学内容展开思路，设计有意义且适合交际的活动，为后面的真实学习任务做必要的铺垫，以便收到事半功倍的效果。

(二)真实学习任务

真实学习任务是学生为了完成真实世界的任务而进行的各种内容和语言上的准备。任务可以分为交际性任务(也叫真实世界的任务)和学习性任务,那些以语言结构为主的活动是学习性任务(也叫教育性任务或语言性任务)。学习性任务的作用是给学生提供语言的工具以完成交际性任务。只有对英语句型进行反复记忆、模仿和操练,学习者才能形成新的语言习惯。

我国的外语教学没有语言环境,不能自然习得,输入的东西太少并且没有加工,这样就很难输出。特别是在基础阶段,没有学到英语语言知识,就单纯强调技能,输入都没做好,谈何输出?

1. 新语言知识

新语言知识,顾名思义,就是新的语言材料。在任务型教学中,教师应该采取各种手段激活学生的已有知识,创设真实的情境,使学生构建已有知识—新语言知识相结合的体系。

2. 语言实践

语言实践是任务型教学不可缺少的。英语课堂上可以经常采用以下语言练习和活动开展教学。

(1)重复。教师组织学生以个人、小组或全班的形式对短语或句型进行重复性练习。

(2)匹配造句。教师可以要求学生将有关联的两部分配对在一起,然后用所学的语言知识造句。

(3)改写句子。教师给出几个句子,然后要求学生根据所学句型进行改写。例如,学习了"although"引导的让步状语从句后,为了进一步加深学生对这一语言知识的记忆,需要反复操练。比如,"She is young, but she still goes to school",学生可以改写成所学句型:"Although she is young, she still goes to school."

3. 过渡性练习

过渡性练习介于预备性练习和交际性练习之间,起承上启下的作用,推动语言形式的练习转向语言意义的练习。教师可以通过各种形式的交际活动,如模仿对话、相互问答、看图说话、复述、读后感、角色扮演等,引起学生的兴趣,调动学生的积极性,把英语教学材料放在交际情镜中,为学生进入真实交际活动做好铺垫。

过渡性练习要求学生不仅要熟悉所学内容,还要了解场景中各个角色的特点。总之,完成这样的任务,要求学生必须全身心地投入学习中,学生的学习动机和积极性会随着任务的完成得到进一步激发。

(三)真实任务活动

学生参与有意义有目的的交际,可以从根本上避免完全机械的学习,最终培养学习者运用英语进行交际的能力。在丰富、真实的英语语言环境中习得的语言,能使学习者毫无障碍地进行交流,把语言的形式与意义相结合,提高学习者的语言交际能力,使学习者真正地掌握英语。

真实任务活动阶段是学生接触和使用语言的阶段,即用语言来做事的阶段。在这一阶段,学生虽然需要使用语言,但是语言只是获取信息和表达观点、意见的工具,学生所关注的重点不在语言,而在意义。在这一阶段,学生成为语言交际的主体,他们以配对的形式或以小组的形式获取信息,表达意见。

1. 任务实施

教师给出一些模拟真实生活的情境,让学生在变化的情境中练习。学生可以借助角色扮演、自由交谈、问卷调查等形式达到使用英语进行交际的目的,灵活运用所学语言知识,通过真实的情境产生真实的交际需要,从而实现知识的迁移。

学生应根据自己的身份或在任务中所扮演的角色主动地进行交流与互动。为了使交流能够进行下去,他们需要学习如何与他人合作,需要学会一些必要的交际手段和策略,需要思考如何用英语表达自己的观点和看法。

在这一阶段,学生可以自由地进行对话,大胆地使用语言,他们的目标只有一个,那就是完成学习任务,获得结果。英语教师在学生完成任务期间,不再担任教学工作,只需扮演监控者的角色。教师应确保所有的学生都明确任务的要求,并让他们在老师的整体监控下独立执行并完成学习任务。

教师布置任务以后,要与学生保持一定距离,避免学生产生依赖感。教师不要担心学生离开自己就寸步难行,要相信学生有能力独立完成任务。如果教师干涉过多,将不利于学生的语言发展。除非有小组过多地使用母语交谈或由于其他原因无法继续交流下去,这时教师可以默默地提供帮助,然后很快地走开。

当教师观察到绝大多数学生已经基本完成计划任务时,就可以让学生准备进入下一阶段的任务学习。

2. 任务汇报

根据任务的类型和学生的水平,任务汇报时间可在 1～3 分钟不等。学生可以以口头或笔头的形式向全班同学汇报学习结果。教师应对学生的汇报给出肯定的评价,尽管学生的汇报中可能有语法错误或用词错误,但教师必须意识到学生的努力,不要贬低学生的发言,而要看到他们的进步。

总而言之,正面的反馈可以强化学生的自尊心和学习动机,使他们以后更加努力。在汇报的过程中,学生可以比较不同小组的口头或书面报告,了解其他人在处理同一问题时所采取的不同方法、途径和步骤,也可以比较他们是如何用不同的语言形式来表达同样的意义的。通过语言接触,学生可以学到很多东西。

在报告期间,英语教师的主要角色是主持人,介绍报告的安排、报告的目的,提示下一位报告人,最后对学生汇报的内容和形式予以反馈。

在学生展示学习成果的过程中,教师应做到以下几个方面:

(1)确认报告者有清楚的学习目的,让每个学生都知道目的是什么以及报告后他们应如何处理这些信息。

(2)在听的过程中要记住对总结有用的要点,如果要提供语言反馈,教师在记下需要改正的短语和结构的同时,也要把好的表达方法记下来。

(3)面带微笑地注视着表演的学生,并给予鼓励的目光。

(4)报告期间不要进行过多的干扰或纠正学生的错误,否则会打击他们的自尊心,并且影响交际活动的连贯性。

(5)控制好汇报时间,如果是小班化教学,尽可能使每组学生都有表现的机会;如果班级过大,可安排一些小组在下次任务之后进行报告。

总之,汇报能使学生注重语言流利性,同时注重语言的准确性。学生在认真观看同伴汇报的过程中,能充分接触英语,在任务学习中提高英语水平。

3. 任务反审

任务反审阶段的目的是提供机会让学生重新审视完成任务的过程,应特别关注语言运用是否正确、得体。在这一阶段,教师应对学生完成任务的情况进行过程性评价,尽量发掘学生的优点,对完成任务过程中学生取得的进步给予肯定性评价,让学生体验成功,多给学生正面的反馈,但同时也要指出学生在任务活动中的普遍性错误或其他需要改进的地方。教师要引导学生从所学语言材料中归纳总结出语言的规律,布置一些巩固性练习,帮助学生进一步熟悉、掌握、运用语言知识。

第四节 基于互动式教学的英语教学实践创新

一、英语互动式教学的实施

(一)高校英语互动教学法的操作程序

1. 营造语境

在传统英语课堂上,教师的主要任务就是将教材上的知识全都传授给学生,教师虽然将课堂时间实现了最大化利用,但是学生在课堂上的参与感并不强,其始终无法对英语学习产生兴趣,那么教师应该采取怎样的方法培养学生兴趣,就变得非常重要。

教师应根据教学目标与教学内容的要求为学生创设一个良好的求知情境。通过情境反映问题将会使问题变得更加生动,在情境中学生可以进行角色扮演,角色扮演的过程就是学生与学生进行互动交流的过程,学生在互动中不断培养自己的英语思维。

此外,情境并不仅仅存在于学生与学生之间的互动,也包括教师与学生之间的互动,教师的主要作用就是引导学生的学习思路,使学生产生一定要达成目标的心理倾向,从而激发其自觉主动学习的欲望。

2. 自主学习

在传统英语课堂上,学生与教师地位悬殊,教师主导着课堂的一切,学生只是被动地接收教师传授的知识,也就是说,在学习上,学生并没有展现出较强的主动性。而学习毕竟是学生的主要任务,是其分内的事情,教师只能从旁协助。因此,教师要意识到学生自主学习能力对其英语学习的重要性,进而在教学过程中注意培养学生的自主学习能力。而在互动式教学中,培养学生的自主学习能力恰恰是其必要的环节之一,互动式教学认为教师应该给学生留下足够的学习时间,多给予学生学习的自由,让学生自主思考、探究问题。

学生进行自主探究,是对新知识与旧知识的整合,是对英语学科知识与其他学科知识的整合,通过不同知识间的认知冲突与矛盾,学生可以获得从不同角度看待问题的能力,从而使其能够真正独立自主地完成学习活动,但是,需要注意的是,在学生进行自主学习过程中,教师应该鼓励学生表达自己的观点,即使学生的观点有误,教师也不应该立即阻止他们,而是要他们继续下去,待观点表达完毕,教师再纠正学生的错误,这样做的目的是保持学生思路的连贯性,维护学生的自信心与自尊心。

3. 合作学习

学生自主学习过程中蕴含着教师与学生的互动,而在合作学习中则蕴含着学生与学生之间的互动。学生个体自主学习有时并不能满足学生的学习需求,因此,教师可以对学生进行分组,使其以小组的形式实现合作学习。合作学习的实现基础是学生的自主学习,每一个学生的自主学习共同构成了合作学习,可以说,合作学习是一种主要存在于学生之间的互动活动。具体来说,教师需要先分析学生的学习情况,然后筛选讨论的主题,明确讨论的要求,最后让学生以小组为单位进行讨论。当然,学生与学生所进行的讨论必然是各自发表观点的过程,在这一过程中,有问题的学生提出问题,能解答的学生给予解答,在一问一答的互动交流中,问题自然而然地解决了。不过,需要明确的是,学生与学生的互动并不是合作学习过程中存在的唯一互动形式,教师与学生的互动也存在其中。学生在组内讨论过程中肯定会遇到一些问题,当学生无法解决时,教师就可以主动参与其中,为学生提供思路与建议,这是对学生的一种启发与引导,通过教师的引导,学生可以更好地完成小组任务。

小组讨论完毕,各组就需要向全班展示自己的成果。当然,小组讨论的成果有突出的,就会有一般的,教师要一视同仁,对于能力较弱的小组,教师要给予鼓励,而对于能力强的小组,教师要肯定他们的成果。此外,教师还可以让强组与弱组结对子,让两组一起就讨论的成果进行分享、交流,能力强的小组在展示自己成果的过程中能够体会到成功的喜悦,因而更愿意参与小组探究活动,而能力弱的小组则可以从能力强的小组中学得探究的方法,这非常有助于其不断保持学习的热情。

总之,小组合作学习让学生与学生之间的频繁互动成为可能,每一位学生都可以在课堂上发表自己的看法,学生之间都可以交换想法,分享信息。在这一过程中,学生们的语言知识体系将会变得更加丰富,人际交往能力将会有所提高,更重要的是,他们也会增强学习英语的自信心。

4. 点评归纳

传统英语教学评价的主体是教师,学生在教学评价中的存在感较弱。而在互动式教学中,教师不再是教学评价的唯一主体,学生也可以参与其中,并且作用非常突出。在各组完成成果展示之后,就需要对各组成果进行点评,点评的手段并不局限于教师评价,学生自评与师生互评也是主要的评价形式。多样的评价手段能够帮助教师全面掌握学生的学习情况,进而分析学生在哪些知识点上存在问题,基于此,教师就能对自己的教学计划、内容、方法等做出适当调整。可见,评价的过程也是教师不断反思自己、实现教学优化的过程。

这一环节也包括师生互动与生生互动两种互动形式,无论是哪种互动,目的都是让学生进行独立思考,在探究问题的过程中培养学习英语的兴趣。经过教师与同伴的评价,学生能迅速意识到自己在学习上的不足,进而主动查缺补漏,同时也能清楚自己的优势,并不断强化这种优势。

5. 延伸拓展

在传统英语教学中,教师开展教学活动的主要依据是教材,教学内容也多半为书本上的知识,甚至学生课下需要完成的作业也都是课本上每个单元的课后题,这让学生的学习活动始终围绕着教材进行,很明显,这种情况限制了学生的发展空间,学生甚至提不起对英语学习的兴趣。英语互动式教学很好地改变了这一现状,它进一步拓展了学生的学习范围,学生可以在课下借助其他先进的学习工具完成知识的拓展与更新。

教师需要明白的是,对学生进行知识的拓展并不是其主要任务,其首先应该做的是将教材上的知识全都传授给学生,若课堂上还有剩余的时间,教师就可以向学生传授一些拓展知识,同时布置一些拓展任务。比如,当讲到课本上的某一个知识点时,教师可以提出一些与之相关的延伸性问题让学生讨论,在讨论的过程中学生就能了解到更加新颖的知识,同时也能对旧知识进行及时巩固,最重要的是,这种讨论能够发散学生的思维,培养其创造力。

教室的空间有限,有些教学活动无法展开,例如有一些规模的情境活动就无法在教室中组织,这时教师就可以考虑适当组织一些课外活动。课外活动能让学生拥有更大的活动空间,想问题也更加自由。当然,这并不意味着课外活动比课堂活动更有意义,两种活动侧重点不同,不可同日而语,最好的方法就是将课堂活动与课外活动结合起来,这样学生既能在课堂上学到一些应该掌握的基础理论知识,也可以在课堂之外充分地发散自己的思维。两种活动相结合是一种比较新颖的教学形式,在具体实施过程中,教师要灵活一些,适当分配两种活动的课时。

在这一环节,不仅有大家熟悉的生生活动,还包括学生与英文文本之间的互动,多样的互动形式极大地拓展了学生学习的范围,更重要的是,通过互动,学生能够收获更多其他科学的学习方法,提高自己的学习效率,并最终激发自己的学习积极围绕某种逻辑与规律不断变化,所以教师在拓展教学内容时一定要遵循互动的法则,保持适当的度。

(二)高校英语互动教学法的师生角色

1. 教师角色

(1)引导者。教师在英语互动式教学中扮演引导者的角色,教师既引导学生解决问题,又鼓励学生大胆表达自己的想法。当学生对英语学习产生困惑时,教师要为学生提供必要的指导,帮助其答疑解惑;当学生对毕业之后的前景担忧时,教师应该给学生吃下定心丸,告诉学生只要他们好好学习专业知识,一定能在毕业后大展宏图。

(2)组织者。英语教学有效性的实现需要教师具备绝佳的组织能力,只有教师将英语课堂组织得当,学生才能享受英语学习。究竟组织什么样的活动,用什么样的方式组织活动,这就需要教师对学生的学习需求进行分析,了解了学生的具体需求,组织的活动才能为学生所喜欢、接受,教学的良好效果才能实现。

(3)促进者。在英语互动式教学中,教师有另一个角色——促进者,其促进作用主要体现在:

第一,教师鼓励学生参与教学活动,积极与教师进行互动交流。

第二,教师能帮助学生找到学习上的不足,帮助其解决问题。

第三，教师可以为学生创设教学情境，为其提供口语训练的机会。

（4）参与者。教师是教学活动的参与者，同时也是学生学习活动的参与者，在学生进行学习讨论的过程中，教师不能置身事外，可以参与其中，帮助学生发现问题、解决问题，教师的积极参与一方面可以使学生的学习变得更加高效，同时进一步拉近了师生之间的距离。

2. 学生角色

（1）知识的主动建构者。在建构主义理论看来，学习不是一个被动的过程，而是一个学习者主动探究的过程，学习者利用一切可以利用的学习资源进行学习，从而能够完成系统的知识架构。在英语互动式教学中，虽然教师可以适当地给予学生必要的指导，但是教师应该清楚的是，学习本就是一个学生自主进行知识建构的过程，教师不应过多干涉。学生应该努力培养自己的自主学习能力，主动对问题进行思考、归纳，对自己的学习不足进行反思，这样才能最终完成知识的主动全面建构。

（2）活动的平等参与者。传统英语教学比较忽视学生主观能动性的发挥，而在英语互动式教学中，教师重视学生的主观能动性，学生也愿意将其发挥出来。学生应积极参与教学活动，与教师、学生进行良好互动，同时也要参与评价活动，学生评价将有利于教师把握自己的教学节奏与内容。

二、互动式教学在英语教学中的具体应用

（一）互动式教学在英语阅读教学中的应用

1. 英语阅读互动式教学的基本原则

（1）促进学生参与教学过程。在传统英语阅读课堂中，教师是主要"动"的一方，学生处于一种被动的地位，他们只能被动地接受教师传递的知识，而且，学生在课堂上所学习的知识并不是由他们选择的，都是由英语教师事先选定的，这就导致一些知识并不为学生所喜欢，他们也就无法对英语阅读学习产生兴趣，英语阅读教学的目标也因此无法实现。

学生的学习行为多受兴趣的引导，但是学生的兴趣又具有一定的不稳定性，这就使许多学生在失去兴趣之后就不愿学习英语阅读知识。学生如果没有强烈的学习欲望，那么，他们就无法真正产生积极的学习行为。因此，英语教师要对

英语阅读教学活动有清晰的认知与定位,不能仅仅将这项活动看作是一种单纯的教学活动,而是将其看作一种具有特殊意义的交往活动,该活动将人的肢体动作与情感联系起来,既要求学生动口、动手,也要求其动情、动思。这就要求教师在英语阅读教学中要有所作为,要采取一些比较有效的方法激发学生的学习兴趣,最好通过创设情境的方法让学生的身体与情感都融入其中,这样既让学生体会到了阅读的乐趣,也进一步加强了师生互动。

(2)引导学生构建自己的知识体系。互动式教学并不要求学生全面掌握所有的固有知识,而是要让学生在学习知识的过程中能够做到新旧知识的融合,认识知识产生、发展的过程。在这一过程中,学生的学习活动将变得有意义,同时,学生也可以培养自己分析、解决问题的能力,获得良好的学习情感体验。需要明确的是,大多数大学生虽已成年,但这并不意味着他们已经具备了非常丰富的知识学习经验,与教师相比,他们还是"新手",因此,教师需要为学生架起一座可以联结新知识与旧知识的桥梁。具体来说,教师在讲解新知识的过程中一旦遇到与旧知识相关的内容,就可以向学生提问,以引发他们对旧知识的思考,同时起到巩固旧知识的作用。

(3)及时反馈矫正,督促学生进步。布鲁姆的掌握学习策略已经表明,集体教学必须靠每一个学生所进行的反馈,反馈不仅能在一定程度上提高教学质量,还能提高教学效率。此外,持续性的反馈过程同时也是师生一次次互动的过程,在这一过程中,教师了解了学生的学习需求,学生也了解了教师的教学计划。

2. 英语阅读互动式教学的实施策略

(1)教师与英文文本进行互动。英语阅读教学长期受应试教育的影响,教师在选择英语阅读材料时也是维护"英文文本权威",同时,学生也受教师的影响,唯"英文文本"独尊。教师总是千方百计地搜集各种阅读材料,然后根据自己的想法对材料进行分析,引导学生按照自己的教学思路进行阅读学习活动,这使英语阅读教学的生动性大大减少,教师只是在给学生提供标准答案,学生并未获得多少思考的机会。

现代阅读观与传统英语阅读理念并不相同,在它看来,阅读始终是一个动态的过程,它是读者与英文文本之间相互作用、建构意义的过程。这其实也在表明,阅读并不是一项被动的活动,它是读者的主动活动,因此,学生在进行英语阅读时,应该多与教师、英语文本互动。同时,教师也应该转变教学观念,多增加与英语文本的互动,对文本进行深入解析,以满足学生的阅读需求。

对于英文文本的意义,在现代知识观看来,其具有很大的不确定性,不仅教师可以对其进行解读,学生也可以,并且在教师教学与学生学习的过程中,英文文本的意义还可以一次次被重新界定。所以,教学过程绝不是一个可以永远保持平衡的过程,它是一个失衡再平衡的过程,从这里可以看出,教学过程并不是死板的,它始终处于一种动态生成的状态。

对于英语阅读教师来说,他们在进行英语阅读教学之前,应该对英文文本有自己的理解。也就是说,教师的一切教学活动可以以英文文本为依据,但是要从实际情况出发,要有选择地将文本内容教授给学生,与英文文本进行高效的互动,一切以英文文本为出发点的想法与行为都是片面的。

在整个英语阅读教学中,教师的角色非常重要,他可以是阅读活动的先行者,也可以是教学活动的整个设计者与策划者。从这个层面出发,教师与英文文本的互动有其不一样的内涵,主要有以下几点。

第一,教师要尽量将英文文本吃透,同时在这一过程中还要开发文本。教师只有对英文文本的所有内容都进行深刻理解,才能将其转化成自己的知识体系,才能在以后顺畅地与英文文本、学生互动。

第二,教师还需要对英文文本进行适当的加工。需要清楚的是,英文文本的编写是一个主观过程,不可能尽善尽美,总会存在一些不足。从当前英文文本的使用情况来看,这些文本使用的时间都比较长,没有与时代的发展相适应,很明显,这种停滞更新的文本是无法激起学生的学习兴趣的,更不能让学生与文本达成良好的互动。所以,这对英语教师提出了比较高的要求,要求教师可以根据学生的实际需求选择英文文本。需要指出的是,英语阅读教学已经在选择英文文本方面有了很大的改善,但是,出于人力、成本等方面的考虑,英语教材是不可能做到每年更新的,因此,英语教师必须在英语阅读教学过程中弥补这一方面的不足,能够在备课时就对文本进行必要的更新。

第三,教师不能唯英文文本"独尊",而是要具有敢于质疑文本编写者的勇气与能力,这样才能促使文本的不断完善。英文文本应该是与时俱进的,应该是能够满足学生学习需求的,教师是最了解学生的,所以他们可以总结学生的意见对英文文本的编写提出相关建议,这样就能使文本变得更加科学。英文教材正在面临改革,改革者必须学会聆听英语教师的意见,积极鼓励英语教师参与到教材的编写工作中。就是在英语教师与英语文本的互动中,英语教材的编写工作变得更加顺畅、科学,同时教师的英语阅读教学也变得更加轻松。

(2)学生与英文文本进行互动。学生与英文文本之间的互动能够最大限度地将自主学习的理念展现出来。学生是一切学习活动的主人,英语阅读活动也不例外,他们只有自己主动地参与阅读活动,才能真正学会阅读。这就要求教师在教学过程中要积极引导学生参与阅读实践,加强学生与文本之间的互动,让学生在阅读过程中体会文本作者的思想。在传统英语阅读教学过程中,学生的主要任务就是单纯地阅读,在阅读过程中,他们并没有对文本做出自己独有的分析,其自主学习能力也没有得到培养。而学生阅读能力的培养是需要在其与英文文本的互动中实现的,可见,学生与英文文本的互动是非常有必要的,而且是非常重要的,无论是教师还是学生,都不能忽视这一点。

第一,鼓励学生提出自己的见解。现代学生通过互联网可以接触到更多知识、更多人,他们的思想更加开放,生活更具有独立性,更希望在学校与家庭中获得更多自主权。这种意识映射到学生的学习活动中,改变了他们的学习方式,当前,自主、合作、探究的学习方式是其追求的主要方式。不过,在学习的过程中,他们不可避免地会受到原有知识体系的影响,久而久之,学生就会形成一种学习的惯性心理,该心理使学生的学习停滞不前,无法将其创新性思维发展开来,从而使其学习活动变得更加死板。从这一实际问题出发,英语教师要摆脱文本束缚,分析学生学习的实际,用更加灵活的方法引导学生发散自己的思维。

让学生发散自己的思维,教师可以在课堂上多组织学生对某一问题进行辩论,在辩论中,学生可以提出自己对问题的看法,从而使不同的观点、信息在互动交流中生成,这可以帮助学生摆脱僵化思维的束缚,使其更愿意参与英语阅读活动。教师需要清楚的是,英语阅读教学不是一个简单的认知活动,更是一个促进学生发展的活动,学生在进行阅读教学的过程中,不断获得新的生命体验,不断发展。

第二,鼓励学生开展心灵上的互动。"阅读教学不应该是教师一人单独的活动,学生的阅读行为也是阅读教学的一部分,因此,学生也应该积极参与到阅读教学中来。教师在教学过程中要以积极的情感引导学生,使学生对英文文本加深理解,感悟文本作者的思想。"此外,学生对文本的解读方式绝对不能固定,其应该是多元化的,学生要学会在对文本解读的"入"与"出"中提高自己的英语水平。下面简要介绍一下文本解读的"入"与"出"。"入"就是要求学生进一步贴近文本,能在对文本熟悉的基础上了解文本的深层次内涵,意识到文本的主旨,并最终实现与文本的良好沟通。当前,英语教材中所选择的文本都是编写者进行诸多考虑的结果,因此大都做到了文质兼美,文本的质量得以保证。教师要帮助学生挖掘文本的价值,在学生与文本中间架起沟通的桥梁,使学生更加高效、顺畅地解读文本。"出"就是要求学生将在文本中学到的英语知识进行转化,在后续的英语学习中能灵活使用它们。英语阅读学习与其他英语学习都是相通的,从英语阅读中学到的知识在任何其他英语学习环节都可以实现转化。

3. 教师与学生之间进行互动

(1)营造和谐轻松的氛围。现代心理学的理论已经证实,当学生处于一种较为轻松、愉悦的环境时,其思维活动才会更加活跃,其知识的学习才会更加高效。从这里可以看出,为学生营造一个比较轻松的学习氛围是至关重要的,而构建新型师生关系又是其基础与前提。

在教学过程中,教师要摆脱过程唯自己独大的固有观念,而是要时刻具有师生平等的意识。在英语阅读课堂上,不再一味地带领学生阅读、分析文本,而是鼓励学生参与,让学生对文本进行分析,发表自己的看法。而当学生对某些问题产生困惑时,教师要肯定学生这种善于思考的行为,并对其这种行为进行大加赞赏,绝不能因为学生提出的问题可能超出自己所能回答的范围而否定,甚至苛责学生。英语阅读教学是教师与学生进行良好互动的过程,教师要学会倾听学生的想法,要了解学生对文本的认识情况,只有这样,教师才能以学生实际为出发点,为其创设一个轻松的学习环境。

在具体教学过程中,教师还要学会灵活地使用教学语言,教学语言在英语阅读教学中具有重要作用。首先,教师需要在课堂上使用体态语。体态语主要包括眼神、面部表情、手势、微笑等动作。例如,眼神的使用部分,教师要尽量使用自然、肯定学生、鼓励学生的眼神去鼓舞学生,通过眼神实现与学生的情感交流。面部表情部分,为了让学生接受教师的教学,认识到阅读学习的重要性,教师在日常教学中要保持一种严肃的神情,除此之外,为了拉近与学生的距离,在严肃之外,教师还要给予学生必要的温柔,在课堂上可以对学生微笑。其次,教师要在课堂上多使用能够激励学生学习的语言。激励性的语言能够激发人类内心深处对知识的渴望,教师多使用这些语言可以激发学生进行英语阅读学习的欲望。

总而言之,在英语阅读教学过程中,教师不能忽视学生的学习感受,要尽可能用一些鼓励性的教学语言引导学生,让学生感受到自己是被重视的,从而会投入更大的精力在英语阅读学习上。久而久之,教师与学生的和谐互动就会实现,尤其从情感层面来讲,教师与学生也就完成了深层次的互动——情感互动。这样一种建立在教师与学生相互信任上形成的课堂氛围,不仅有助于提高教师教学的质量,还能提高学生学习的积极性。

(2)师生共同进步,实现教学相长。《艺概》云:“文,心学也。”每一个文本都是作者心灵的外化,读者阅读作者创作的文本就能从中了解作者对生命、生活的理解。不过,每个人成长的环境不同,对文本的理解也是不同的,不同的学生阅读同一文本也会产生不同的阅读感受。英语阅读教学就是要让学生通过阅读产生自己对文本的独特理解。

《语感论》中曾指出:“从心灵层面上来看,教师不一定比学生高尚;而从人的层面上来看,教师也不一定比学生高贵;而从读、写、听、说的言语主体层面上来看,教师也不一定比学生高明。”因此,在英语阅读教学中,教师要放下过去自己的“师长”架子,对学生重新认识,学生不仅仅是学生,他们也可以是“教师”,教师可以从他们身上学到一些东西,这就要求教师要以更加开放的态度看待师生关系,在英语阅读教学中多与学生互动,了解学生的学习需求。深入探究之后就会发现,教师进行阅读教学的过程其实是一个其不断进行学习的过程,教师在进行课堂教学时,其可以在教材的辅助下厘清教学思路,完善知识结构体系。有些教师在教学过程中还会受到学生的启发,从而产生一些新的想法,对原有的文本产生新的认识。同时,教师也可以让学生对自己进行提问,这样教师就能了解学生的真实想法,从而更好地反思自己的教学行为,完善自己的教学设计。可见,英语阅读教学能够帮助教师与学生实现共同进步,教师的教学更加优化,学生的学习也更加高效。

（3）善用评价，及时反馈强化。

第一，随机评价。认识阅读教学过程可以从信息论的角度出发，从这一点来看，教师与学生不断对文本进行信息输入、输出，并进行评价的过程就是阅读教学过程。英语阅读教学需要评价，教师与学生进行相互评价，将促进二者实现共同进步与发展。教师给予学生的评价，可以让学生在第一时间了解到自己学习的实际情况，对于自己存在的不足，学生也能尽快了解，从而积极改正。而学生给予教师的评价，能让教师认识到自己在阅读教学中存在的问题，从而进一步优化英语阅读教学，摆正教学心态，为学生提供更加有效的教学内容与方法。

不过，在获得学生的反馈之后，教师需要对学生的学习情况做出评价，但是该评价看似非常"及时"，能让学生清楚自己的学习情况，但是同样有一个明显的不足之处，那就是其他同学的创新意识很可能会被扼杀。不少研究已经表明，人们的思维活动非常复杂，那些比较具有创新性的想法并不会存在于人类思维的全过程，主要存在于思维的后半程。这就要求教师在英语阅读教学中不能只单纯地教授学生英语知识，而应采取一切手段激发学生的创造性思维，从教学评价这一层面来说，就要求教师利用"延迟评价"原则鼓励学生发表自己的见解。该原则要求教师给学生留出一些充足的时间，让学生进行讨论，在讨论中发现问题的不同解决方法。而在学生产生答案之后，教师不能立刻对学生的答案进行绝对的"对""错"评价，而是引导学生彼此进行评价。

第二，小结评价。教师对学生的阅读学习评价是多方面的，不仅要对其阅读知识掌握情况进行评价，还要对其参与阅读实践的情况进行评价，只有多方面的评价才能帮助教师更加全方面地了解学生，而小结评价就是一种可以让教师对学生进行全方位评价的评价方式。

小结评价的内容是对某一课或者单元的内容进行评价，通过这一评价，教师能帮助学生全方位把握其需要学习的知识点，同时帮助其建立自己的知识结构体系。反过来，学生也可以对教师的教学方法、手段等进行评价，这样教师就能清楚自己在英语阅读教学中存在的问题，从而在下一课或单元教学中做出改变。

总而言之，评价不能是单方面的，教师与学生的双向评价才是英语阅读教学不断发展的动力,同时,教师与学生也能在彼此的评价中不断发展。

(二)互动式教学在英语听力教学中的应用

1. 互动式英语听力教学的教学方式

(1)提问式。提问的方式可以让学生在课堂上利用英语进行回答,这样学生就获得了锻炼英语听力与口语的机会。教师提问的问题应该是学生所熟悉的,是学生感兴趣的,只有这样,一来一往的提问才能顺利进行。

教师在进行提问之前应该设计一些相关问题,这些问题要尽量具有艺术性,能够为学生构建一个轻松、具有人文性的教学环境,同时还要进一步拉近师生关系,这样,学生才会感受到英语阅读学习的乐趣。此外,教师为学生设计的学习内容也应该与学生的实际生活相联系,这要求教师在课前与学生进行英语对话,了解学生最近的生活与学习情况。与学生生活、学习密切相关的话题能激发学生的沟通欲望,使学生更愿意与教师交流,学生英语学习也就变得更加顺畅。

可见,培养学生的交际能力是非常重要的事情,课前日常热身对话完毕,教师就可以将话题自然地引导到课本内容上。在讲解课本上的听力内容时,教师可使用互动式教学方法,一般来说,这种教学方法在听力教学中的应用主要有以下三个步骤。

第一,预习听力材料。在讲授新课之前,教师需要适当给学生布置一些预习任务,学生可根据任务对需要学习的内容进行猜测。

第二,分析听力内容。让学生深入分析听力内容,不仅让学生从基础层面出发了解听力材料中需要其认识的新词汇、语法,还要对听到的内容列出提纲、独立组织。

教师要鼓励学生积极将自己听到的内容阐述出来,当发现学生表达有误时教师不应立即阻止,而是在学生阐述完毕再对其问题进行纠正,尽量不要打乱学生的表达节奏。

第三,巩固练习。为了巩固互动式听力课堂教学的成果,学生需要进一步对已经学习的听力材料进行巩固练习,教师可以让学生在听完之后进行讨论,以实现教师与学生、学生与学生之间的沟通。这种互动不仅能让教师了解到学生英语听力学习的实际情况,还能进一步激发学生英语听力学习的积极性。

(2)小组互动式。小组合作学习是学生重要的学习方式之一,该方式能让学生在共同协作中展示自己的个性,在培养合作精神的过程中形成良好的人际关系,更能将个人学习成果转化为共同的学习成果,使学习效果得以加强。

第一,小组划分的原则。小组合作学习的实施并不是随意的事情,需要遵循一定的原则。小组成员要保持各自的异质性与代表性,在小组内部,成员们都可以从其他同伴那里获得经验,同时看到自己的不足。

第二,小组划分的形式。一般来说,小组合作学习的实施有三种形式:第一种,教师比较常用的形式,就是学生与各自的同桌自动形成一个小组,这同时也是一个比较经济的分组形式,同桌之间彼此相熟,在进行问题探究时会更加默契;第二种,四个人为一个小组,四个人的小组形式也是遵循了距离就近原则,可以是前后位四人组成一个小组,也可以是横向两个同桌组成一个小组,该形式非常适合链锁问答;第三种,可以以座位的一竖行为一组,不过,需要指出的是,这一形式有其不足,它可能在单词复习时会给学生带来不便。具体采用哪种小组划分形式,教师需要根据教学的实际情况做出选择。

2. 互动式英语听力教学的实施策略

英语教学最为直接的目的就是通过向学生传授听、说、读、写这些基础理论知识,使学生掌握必要的英语基础知识技能,从而使其在交际中灵活运用。语言的学习一般都是从听开始的,因此英语教学应该关注听力教学,教师在英语听力课堂上也应该选择适当的策略,注意培养学生听力学习的信心。

通常情况下,教师在英语听力教学中使用的策略主要有以下几种。

第一,解析标题。这一策略主要应用在训练学生主题听力技巧上。在使用这一策略时,教师先向学生介绍一些任务,这些任务能够保证学生在具体听的过程中把自己的注意力集中在文章的主要内容提炼上。然后播放录音材料,让学生根据所听材料选择适当的标题。

第二,进行概述。这是对文章主旨进行概括的策略。在学生听完材料之后,教师可以让学生对整篇文章的大意进行总结,然后提供给学生几个关于文章概述的选项,让学生根据自己所听的内容进行选择。

第三,学会排序。教师可以把听力材料的顺序打乱,然后给学生布置一些相关任务,之后播放听力材料,要求学生根据听到的情节对故事顺序进行重新排序,在学生完成排序之后,教师可以对学生的顺序调整做出最后评判。

　　第四,复式听写。这一教学策略的主要目的是让学生从听力材料中获取具体的信息。在播放听力材料之前,教师要事先告诉学生哪些比较重要的地方已经删掉,进而提醒学生要重点聆听这些地方,听力结束,学生需要将被教师删除的部分填补上。

　　听力训练是一个困难的过程,训练形式也是多种多样的。教师在具体实施听力互动式教学策略时,应该遵循听力教学的相关原则,要从学生对与教师、文本的互动需求出发,这样才能提高英语听力课堂教学质量。

参考文献

[1]陈晓丽.高校英语慕课与翻转课堂教学模式研究[M].成都:电子科技大学出版社,2017.

[2]程彩兰,韩彦林.基于"产出导向法"的大学英语信息化教学效能研究[M].长春:东北师范大学出版社,2017.

[3]管恩京.混合式教学有效性评价研究与实践[M].北京:清华大学出版社,2018.

[4]郭万群.大学英语多模态课堂教学研究[M].上海:上海交通大学出版社,2015.

[5]贺华.英语理论与英语教学研究[M].成都:电子科技大学出版社,2017.

[6]胡利君.英语教学新论[M].上海:上海交通大学出版社,2015.

[7]扈玉婷.大学英语生态化写作教学研究[M].北京:北京理工大学出版社,2019.

[8]邝增乾.大学英语教学的情感因素研究[M].长春:吉林人民出版社,2020.

[9]李红霞.大学英语教学研究[M].天津:天津科学技术出版社,2017.

[10]李向民,李培平,宋佳.慕课时代的大学英语教学创新与多元整合[M].长春:吉林人民出版社,2018.

[11]蒋云华.网络环境下大学英语写作教学理论与实践[M].昆明:云南大学出版社,2012.

[12]孔丽芳.大学英语课堂教学艺术与应用实践[M].北京:九州出版社,2018.

[13]李红霞.大学英语教学研究[M].天津:天津科学技术出版社,2017.

[14]李焱.大学英语课堂教学的理论与实践探索[M].北京:光明日报出版社,2018.

[15]卢桂荣.大学英语教学研究基于ESP理论与实践[M].北京:光明日报出版

社,2013.

[16]陆巧玲,周晓玲.网络环境下大学英语教学改革理论与实践[M].上海:上海交通大学出版社,2012.

[17]任梅.新时代大学英语教育教学理论与实践研究[M].成都:四川大学出版社,2018.

[18]佟敏强.大学英语阅读教学理论与实践[M].长春:吉林出版集团有限责任公司,2009.

[19]王瑞.大学英语听力教学理论与实践[M].长春:吉林出版集团有限责任公司,2009.

[20]王晓玲,曹佳学.跨文化大学英语教学理论与实践[M].成都:西南交通大学出版社,2015.

[21]林立,董启明.英语教学与研究[M].北京:科学出版社,2004.

[22]王松美,张鲁静.英语教学设计指导与案例[M].北京:现代教育出版社,2007.

[23]蔡龙权,裘正铨.大学英语教学研究[M].上海:上海科学技术出版社,2008.

[24]贾冠杰.英语教学基础理论[M].上海:上海外语教育出版社,2010.

[25]何安平.语料库辅助英语教学入门[M].北京:外语教学与研究出版社,2010.

[26]胡小花.英语教学研究:理论与实践[M].西安:西北工业大学出版社,2007.

[27]向前进,曹佩升.高职高专英语教学改革与发展研究[M].北京:高等教育出版社,2010.

[28]陈德泉,虞晓东.高校英语教学创新模式探索[M].杭州:浙江工商大学出版社,2009.

[29]贾冠杰.英语教学基础理论[M].上海:上海外语教育出版社,2010.

[30]丛晓峰,刘楠.高校教学改革与质量管理研究[M].北京:中国海洋大学出版社,2008.

[31]莫英.信息化背景下大学英语教学改革与创新思维[M].成都:四川大学出版社,2018.

[32]张冰,蔺莉萍,成敏.学术文库"互联网+"时代大学英语信息化教学研究

［M］.西安:世界图书出版西安有限公司,2017.

［33］魏华.大学英语生态课堂与生态教学模式的路径探索［M］.南京:东南大学出版社,2018.

［34］傅冀耀.大学英语基础(上)［M］.上海:复旦大学出版社,2018.

［35］傅冀耀.大学英语基础(下)［M］.上海:复旦大学出版社.2019.

［36］朱金燕.大学英语教学改革探索［M］.武汉:中国地质大学出版社,2019.

［37］黄儒.大学英语教学模式研究［M］.哈尔滨:黑龙江教育出版社,2018.

［38］李丽洁,米海敏.专门用途英语教学研究［M］.北京:现代出版社,2018.

［39］张铭.当代大学英语教学理论与研究［M］.北京:九州出版社,2019.

［40］高凤琴.当代大学英语教学理论阐述及方法运用［M］.北京:中国书籍出版社,2019.

［41］李润洲.专业化视域里的教师听评课［J］.中国教育学刊 2009(8):87-89.

［42］林崇德.21世纪学生发展核心素养研究［M］.北京:北京师范大学出版社,2016.

［43］罗晓杰,牟金江.如何说英语课:方法与艺术［M］.上海:华东师范大学出版社,2012.

［44］戴曼纯.论第二语言词汇习得研究［J］.外语教学与研究,2000(2):138-144,160.

［45］丁丽兰.间接言语行为理论与英语教学［J］.辽宁教育行政学院学报,2004(7):59-60.

［46］盖淑华.英语专业学生词汇附带习得实证研究［J］.外语教学与研究,2003(4):282-286.

［47］韩家权,柏敬泽.翻译思维方法论［M］.大连:大连出版社,2003.